ROMPE CON TU CODEPENDENCIA

Deja de servir a los demás y ámate

Olga Fernández Txasko
Creadora del Método RAN©

DEDICATORIA

Este libro me lo dedico a mí, por haber reconocido y superado mi codependencia.

Poder llegar a lo más profundo de mí y conocerme, ha hecho que me quiera y pueda dar amor sin ningún tipo de condición.

He escrito este libro para que me sirva de recordatorio diario de que soy mi prioridad en la vida. Porque amar a los demás está bien, pero siempre que ello no implique perderme a mi misma.

Quiero que tú ahora puedas experimentar la libertad de amarte y no estar supeditado al reconocimiento de los demás para ser feliz.

¡AMATE! No es egoísmo. Es una necesidad.

"Si alguna vez te sientes tentado a buscar aprobación externa comprende que has comprometido tu integridad. Si necesitas un testigo, sé el tuyo." Epicteto

Prólogo

Después de escribir mi primer libro SOBREVIVIR A UNA MADRE NARCISISTA, comprendí que había sido codependiente toda mi vida y que aún seguía siéndolo.

Reconocer tus problemas es el primer paso para cambiar tu vida y eso es lo que hice. Asumí que la infancia que había vivido me había convertido en codependiente, en "people pleaser" (complacedora de personas), y que eso era lo que no me permitía conectar conmigo y ser feliz.

Cuando vives atendiendo las necesidades de los demás y dejas las tuyas al lado no solo te limitas a la hora de tomar un rumbo en tu vida, sino que te conviertes en una persona frustrada, dolida y vacía.

Aprendes a bajar la cabeza para hacer que los demás se sientan bien, y aunque ayudar y complacer a los demás te hace feliz, también tienes una llama de rabia que hierve por dentro, porque satisfaciendo a otros, te olvidas de ti.

Pero necesitas el reconocimiento y validación de los demás.

A veces incluso te escondes detrás del éxito. Una carrera brillante es perfecta para recibir los halagos que no puedes otorgarte a ti mismo.

Quizá seas de los que necesitas las luces de la fama, o de un alto cargo, para sentir que los demás te otorgan valor, sin embargo por ti mismo no ves lo que realmente vales.

Esto te trae infelicidad. Necesitar a los demás para sentirte bien, hace que termines con parejas manipuladoras, o demasiado complacientes. Pero además, la necesidad constante de aceptación por parte de los demás, te aleja de tu felicidad. Estar atado a los demás, a sus opiniones, te aleja de tu verdadero ser. Por eso tienes que empezar a conocerte a valorarte, para no necesitar que nadie más lo haga por ti.

Atreverte a mirar dentro de ti no es fácil, es lo más aterrador que vas a hacer, pero te aseguro también es lo más gratificante. Conocerte de verdad y deshacerte de las cadenas que llevas, es lo que te encamina hacia tu gran yo, hacia tu empoderamiento y una vida consciente y feliz.

Tienes que permitirte ser tú, dejar de interpretar un papel que satisfaga a los demás, porque solo siendo quien realmente eres, y viendo todo lo que vales, te vas a liberar de las ataduras de tener que actuar siempre para agradar a los demás.

Ser demasiado amables con los demás tiene un precio muy alto: te olvidas de ti, de quien eres. La desconexión emocional es tan grande que tu identidad queda difusa, no sabes bien qué te gusta, quien eres y qué deseas en la vida. Y es fundamental que encuentres tu esencia, para desde dentro, ser feliz.

Cuando vives para los demás y te dejas de lado, creas una persona que no eres. Muestras a los demás alguien que no eres realmente para que tu yo herido quede protegido. Pero para ser feliz, necesitas reconocerte, sacar ese Yo maravilloso que llevas dentro y que es tu verdadera esencia.

Personalmente, aprendí a ser correcta, a mostrar una imagen encartonada de una mujer en su sitio, distante y segura de mí. Pero nada de eso era cierto, solo era la "persona" que había creado para proteger mi Yo herido e inseguro. Lo que no sabía es que ese mismo personaje que llevaba interpretando desde mi niñez, me estaba consumiendo, sin ser consciente de las secuelas que estaba dejando en mí. Ese no ser yo, ese anteponer a todos y amar demasiado, y pretender que estaba bien, me estaba matando.

Me ha llevado tiempo, pero por fin he desarrollado las aptitudes para protegerme, conocerme, y ser mi primera opción. Ahora sé que puedo amar pero amándome a mi primero. **Puedo dar siempre que no suponga un perjuicio para mí.**

Espero que este libro que es la conclusión de mis investigaciones sobre la codependencia, y la guía paso a paso que he seguido para dejarla atrás, te sirva a ti para lo mismo, para que encuentres por fin tu independencia emocional, tu verdadero ser y brilles.

Este libro te va a ayudar a conectar contigo, a ser tu prioridad, a entender que eso no es egoísmo como te han hecho creer simplemente para perpetuar tu dependencia, sino una necesidad.

Vas a aprender a conocerte, a entenderte y a amarte y eso te va a hacer libre.

Te dejo esta guía hacia tu independencia, hacia tu amor y autodescubrimiento. Te va a ayudar a aceptar lo vivido, conocer tus heridas y sanarlas, cambiando la cognición que tienes sobre ti. Te va a guiar a descubrir quién eres en realidad, sin más condicionamientos, para que puedas libremente escoger tu vida sin depender de nadie más que de ti.

Y por supuesto, llegar a tu libertad emocional y al fondo de tu ser, te va a traer tu felicidad.

Índice

Introducción

¿Te consideras una persona que está pendiente de los demás, a la que le importa demasiado la opinión que los otros tengan de ti?

¿Crees que eres una madre que vive por y para sus hijos y su marido?

¿Sientes a veces que eres la última persona a la que consideran en el trabajo?

¿A veces crees que no mereces más de lo que tienes?

¿Necesitas siempre ser amable con los demás?

¿Tu vida no sería nada sin ayudar a alguien?

¿Amas tanto que te duele?

¿Te gustaría que te reconocieran lo que haces por otros?

¿Quieres que te consideren?

¿Te levantas frustrado por no lograr eso que te propones?

¿Necesitas que te digan que bien te quedan los pantalones para salir contenta a la calle?

¿Si no te lo confirma tu jefe, crees que no eres magnífico en tu trabajo?

¿Vives por y para los demás, te entregas demasiado, siempre estás haciendo favores?

¿En ocasiones sientes que más que el bueno eres el tonto del grupo porque los demás se aprovechan de tu bondad? Pero tanta bondad, tanto complacer a los demás y dejarte a ti mismo como el último de la fila te genera rabia, y sentirte como un tonto.

¿Cuándo sales con amigos te conformas con las decisiones que toman los demás, dejas que los otros escojan restaurante creyendo que si tú decides les puede no gustar tu opción? ¿Necesitas que quienes tú quieres se sientan bien todo el rato, sin importar como te sientas tú, ellos están por delante de ti?

¿Te aguantas lo que sientes, por temor a enojar a los demás?

¿Sientes que necesitas cambiar el mundo, que no es justo? ¿Crees que puedes hacer que los demás cambien de forma de actuar?

¿Te cuesta decir no? ¿Te cuesta tomar una decisión? ¿Te da miedo cometer errores?

¿Te cuesta estar solo, y necesitas estar en pareja, necesitas sentirte amado constantemente?

¿No encuentras tu motivación? ¿Sientes que te falta energía?

¿Alguna vez te has preguntado por qué vives en ansiedad?

¿Eres celoso?

¿Te sientes dolido cuando no reconocen tus méritos?

¿Sientes no saber quién eres o lo que realmente quieres?

¿Tratas de corregir a los demás cuando tienen un comportamiento inadecuado o dañino?

¿Te gusta aconsejar para que la gente haga bien las cosas?

¿A pesar del éxito laboral no ves lo que vales?

Si tu respuesta es sí a varias de estas preguntas, es muy probable que seas una persona codependiente, que depende de los demás para ver su valor.

No te preocupes. Este libro te va a guiar a deshacerte de los condicionamientos del pasado, a reprogramar tu cerebro para poder ser libre y amarte, sin depender de los demás y con ello ser feliz.

Vas a poder cambiar la cognición sobre ti (lo que piensas sobre ti), ver lo que vales y creer en ti, porque no olvides que eres lo que crees ser. El problema es que lo que ahora crees sobre ti es lo que el entorno en el que has vivido te ha hecho creer.

Liberarte de todas esas cadenas del pasado, de esas creencias, y reprogramarte con las tuyas propias, te va a llevar al fondo de tu ser, a conocerte, a amarte, y con ello lograr el último fin de las personas: vivir en un estado de paz y felicidad.

El libro está dividido en tres partes. Una primera que te va a ayudar a entender qué es la codependencia y cómo ha surgido en ti, una segunda que va a ser tu salida de la atadura a los demás y la tercera te ayuda a que encuentres quien eres realmente y te empoderes.

I PARTE.
TOMA DE CONCIENCIA

1. Qué es la codependencia

La definición precisa de codependencia varía según la fuente, pero generalmente se puede caracterizar como un comportamiento subclínico y situacional o episódico similar al del trastorno de la personalidad dependiente incluido en el DSM-5 o Manual de diagnóstico de los trastornos mentales.

La codependencia consiste en depender de alguien externo para llenar tus vacíos afectivos, con lo que parcheas momentáneamente tus carencias afectivas. La codependencia une el bienestar personal y la autoestima al comportamiento de los demás y los acontecimientos del mundo externo. Esto hace que tu identidad quede difuminada y condicionada a lo externo.

Como codependiente te olvidas de ti mismo para centrarte en los problemas del otro. Al centrarte en atender a los demás y preocuparte de los otros, olvidas tus propias necesidades, y cuando las otras personas no responden como esperas, te frustras y deprimes.

En 1990, el Nacional Council on Codependence realizó un consenso para validar una definición de codependencia desarrollando la siguiente definición:

"Codependencia es un comportamiento aprendido expresado por dependencias en las personas y cosas fuera de sí mismo; estas dependencias incluyen negligencia y disminución de la propia identidad. El falso yo que emerge es frecuentemente expresado a través de hábitos compulsivos, adicciones y otros desórdenes que además incrementan la alienación de la identidad verdadera, adoptando una sensación de vergüenza."

La codependencia afecta por igual a hombres y mujeres y es la condición de aferrarse a otra persona, a una sustancia como el alcohol o las drogas, a una carrera profesional, a un aspecto físico, a la comida, a las compras compulsivas, ... Ir demasiado al gimnasio para que los demás reconozcan nuestro aspecto, comprar demasiado, comer comida en exceso, o tener éxito profesional para que los demás lo vean,... son claros signos de la codependencia.

La codependencia es la enfermedad de tu YO de verdad. Es una condición específica caracterizada por la preocupación y la dependencia extrema de otra persona (emocional, social, a veces físicamente), de una sustancia (como alcohol, drogas, nicotina y azúcar), o de una conducta (como la adicción al trabajo, el control constante , juegos de azar, romance en serie, fijación crónica de otros, actuación sexual compulsiva o elección de la victimización).

Elementos centrales de la codependencia

Dear y Roberts (2005), definieron los cuatro elementos centrales de la codependencia:

1. Enfoque externo, en el que la atención está enfocada en los comportamientos, opiniones y expectativas de los demás y, como consecuencia, el codependiente

ajusta su conducta a estas expectativas para lograr la aprobación y estima;

2. Auto-sacrificio, por el que la persona deja de lado sus necesidades para satisfacer las de los demás;

3. Control interpersonal, el sujeto cree que es capaz de resolver y controlar los problemas y los comportamientos ajenos; y

4. Supresión emocional, supresión deliberada o limitada conciencia de sus emociones hasta un punto abrumador.

Martins-D'Angelo y Menéndez Montañés (2011) destacan al menos dos denominadores comunes en su origen:

- Uno de ellos es relacionarse con personas disfuncionales o problemáticas.

- Otro denominador, y quizás el más habitual, está incluido en la dinámica de la familia de origen; son las reglas silenciosas y no escritas comunes en los sistemas de familias alcohólicas, pero que emergen también en familias con otras disfunciones. Dichas reglas impiden la discusión de los problemas y una comunicación honesta y directa. Por otra parte, inhiben la expresión de los sentimientos y niegan las expectativas realistas tales como ser vulnerable o imperfecto. Al mismo tiempo, esas reglas silenciosas entorpecen los movimientos de crecimiento o cambio familiares, prohíben el egoísmo, e imposibilitan la confianza en uno mismo y en los demás

Según esto podemos concluir **que la codependencia se origina al relacionarse con personas problemáticas y dentro de una familia disfuncional en las que no se ayuda a que los hijos desarrollen autoconfianza; y se caracteriza por una conciencia limitada de las emociones propias, una identidad propia difuminada, la negligencia de las necesidades propias, necesidad de aprobación externa, la creencia de poder solucionar los problemas de los demás y el utilizar la negación a lo que te ocurre como mecanismo de defensa lo que te desconecta de lo que realmente necesitas y deseas.**

¿Vas identificándote en algún punto? Por favor no te pongas mal, aceptar las cosas es duro, pero necesario para avanzar hacia tu verdadera identidad sin esas cadenas que te han impedido disfrutar de la vida y ser tú.

2. Dónde y cómo ha surgido tu Codependencia

La codependencia emocional tiene su raíz en una familia de origen disfuncional donde el codependiente no se sintió lo suficientemente querido o atendido emocionalmente dentro del seno familiar (verás en el anexo de historia de la codependencia, cómo diferentes psicólogos y psiquiatras así lo confirman desde el principio del uso del término en los 70).

Se forja a partir de las necesidades no satisfechas en el ser humano durante su infancia, lo que impide un crecimiento emocional adecuado, llevando al niño a desarrollar un falso yo, descuidándose de sí mismo y sirviendo a los demás buscando su aprobación y validación. En la edad adulta estos niños utilizan los mismos comportamientos para sentirse aceptados y queridos y tapar su sentimiento real de dolor, perpetuando con las conductas codependientes el mismo.

Puedes concluir que has aprendido a tener un comportamiento codependiente en tu infancia, por la manera en que has sido criado en un modelo parental de refuerzo de la dependencia.

Tú quizá recuerdas haber tenido una infancia "normal" o "buena". Tus padres no bebían, no te golpeaban, te dieron estudios, no viviste con miedo, tenías amigos y podías relajarte, jugar y disfrutar de una infancia feliz. No crees que tu problema de codependencia se iniciara en tu infancia.

Es normal no ver que tu familia no te ha dado el apoyo emocional que necesitabas para crecer creyendo en ti. Tendemos a considerar maltrato solo cuando nos agreden físicamente, sin darnos cuenta de que el no dejarnos ser nosotros mismos es tan dañino o más que una paliza.

A veces los padres quieren "protegerte" gestionando tu vida por ti, tomando decisiones por ti. Esos, no te preocupes lo hago por ti, ese decirte qué amigos te convienen o no, ese sugerirte lo que debes ponerte o qué debes estudiar, tomar decisiones por ti, hacer cosas por ti que perfectamente podías hacer por ti mismo, esconder tus errores ... son comportamientos que te van negando como persona. Los comportamientos castradores no te permiten desarrollar tu verdadera identidad y creer en ti, y por ello desarrollas una personalidad codependiente donde tu valor lo necesitas encontrar en el exterior no en tu interior, ya que te han despojado del mismo.

Es fácil reconocer una familia disfuncional cuando te han gritado, pegado, humillado, ...

Pero no es tan fácil reconocerla o aceptar que la has tenido, cuando el robo de identidad ha sido más sutil.

Las familias disfuncionales tienen en común la incapacidad de discutir problemas de raíz.
Encubren los secretos subyacentes que hacen que la familia sea disfuncional.

Una familia no funcional es aquella en que a los miembros se les asignan papeles y en la cual la comunicación está restringida a las declaraciones que se adecuan a los padres. Los hijos no tienen la libertad para expresar sus experiencias, deseos, necesidades y sentimientos, sino que deben limitarse a jugar el papel que se les ha otorgado. (han podido adjudicarte ser el niño o niña buena de la familia siempre obediente, y te han dado su aprobación cuando has obedecido y puesto mala cara o gesto de desaprobación cuando no lo has hecho).

En este tipo de familias se prohíbe de manera explícita ("aquí no hablamos de esas cosas", "¿qué hemos hecho para que actúes así?) o implícita (cuando tratas de hablar de tus cosas, cambian de tema) las expresiones individuales. En algunos casos esto se logra mediante la violencia verbal o física, y en otros simplemente premiando las actitudes que los padres quieren lograr de sus hijos y obviando sus deseos.(Este último ejemplo es el de las familias disfuncionales difíciles de reconocer o aceptar que te han dañado).

Cuando creces en una familia donde nadie puede hablar sobre lo que afecta a cada miembro de la familia individualmente y a la familia como grupo, aprendes a no creer en tus propias percepciones o sentimientos. Como tu familia niega la realidad, tú también aprendes a negarla. Este negar tus deseos y necesidades deteriora severamente el desarrollo de las herramientas básicas para vivir la vida y para relacionarte con la gente y afrontar situaciones.

Crecer en una familia así, hace que te vuelvas incapaz de discernir cuando alguien o algo no es bueno para ti. No te han permitido desarrollar la capacidad de evaluar situaciones o comportamientos perjudiciales porque no te han enseñado a protegerte, ya que "lo hacían por ti". No te han enseñado a confiar en tus sentimientos para poder decidir. No te han permitido tener tus límites, tu espacio emocional. Y de mayor, replicas estos comportamientos lastimándote una y otra vez.

Aunque duele reconocer que tu familia te haya impedido sacar tus alas, es importante que veas y entiendas lo que has vivido, ya que ha sido el núcleo de tu codependencia. No se trata ahora de culpar ni juzgar, sino de aceptar para poder reconocer las secuelas y poder sanar esa necesidad de ser amado.

Quizá no te reconozcas miembro de una familia disfuncional porque cabe la posibilidad de que hayas minimizado las cosas dolorosas que sucedieron en tu infancia. (este es un claro rasgo de la codependencia, minimizar los problemas).

Los seres humanos tenemos una necesidad innata de recibir amor. En el momento de nacer empezamos a demandar ese amor a través del cuidado que nos brindan, el alimento, protección, ... Si nuestra persona o personas cuidadoras no logran por sus propias heridas emocionales darnos ese amor y validación, crecemos con la necesidad de buscar la aprobación en otras personas para sentirnos bien con nosotros mismos.

Por favor no te pongas mal al ver el origen de tu codependencia. Es duro ver que nuestros padres nos han condicionado, pero quizá ellos no contaban con las herramientas emocionales suficientes para hacerlo de otra manera. No se trata ahora de buscar culpables, solo de comprender para poder crecer.

En cualquiera de los casos, la codependencia, ese dolor que te limita, puedes superarla, aprendiendo a ver tu valor y reconstruyendo tu identidad. Cuando encuentras quien eres, a esa maravillosa persona que no dejaron ser, el camino queda libre de obstáculos para que vayas firme hacia tus objetivos, hacia tus sueños y tu paz.

2.1 Codependencia transgeneracional

Existen determinados comportamientos inconscientes que se transmiten de generación en generación. Estos comportamientos, en muchas ocasiones, los cargamos sin poder darnos cuenta hasta que los hacemos conscientes.

Las conductas y patrones de pensamiento codependientes se aprenden. Y si tú tienes comportamientos codependientes es porque tus padres, seguro también los tienen.

El problema es que las familias disfuncionales no hablan de sus problemas, no los aceptan. Por eso tus padres nunca han hablado de la relación complicada que hayan vivido con sus padres, o como se sintieron en su infancia o adolescencia.

La comunicación inconsciente juega un rol clave en la transmisión del guion de la codependencia de una generación a la siguiente. A veces no se trata de las palabras, sino de los silencios, o los gestos o tono de voz de desaprobación cuando se hace algo que no encaja en los parámetros de la familia. Aprobar o desaprobar alguna conducta específica solo con un gesto es una conducta ejemplo de una familia disfuncional que genera patrones de codependencia. John Bradshaw (1995), autor del bestseller "La Familia" afirma que las familias se encuentran tan enfermas como sus secretos.

¿Cómo se transmite la codependencia generacionalmente?

Debido a que la codependencia se aprende, los padres sin saberlo modelan y enseñan a sus hijos formas codependientes de pensar y actuar.

Por ejemplo, si a tu madre la regañaban por llorar y la elogiaban por cuidar a sus hermanos, aprendió a ser una cuidadora que niega sus propios sentimientos y necesidades para complacer a los demás. Y debido a que sus padres no estaban interesados en sus sentimientos, ella no aprendió a notar, valorar y expresar sus sentimientos. Sin querer te ha enseñado lo mismo a ti. Al no saber atender sus sentimientos, tampoco ha permitido que tú atiendas los tuyos, no peguntándote nunca tu opinión por ejemplo o regañándote cuando los expresabas.

O puede que tu madre te haya enseñado "a ser bueno", a hacer lo que te dicen sin cuestionarlo, a que hagas todo por los demás incluso si no te gusta o apetece, obligándote a que guardes tus sentimientos y opiniones para ti.

Este ocultar los sentimientos propios y atender primero a los demás es una manera de actuar que se va pasando de generación en generación con comportamientos inconscientes.

Pero tú ahora eres el valiente, o la valiente de tu familia, ya que has decidido parar el círculo. Estás aquí para identificar tus propios rasgos codependientes para no transmitir la codependencia a tus hijos y eso te convierte en una intrépida, en un héroe. Espero puedas pronto ver todo el valor que estás sacando reconociendo y eliminando de ti la codependencia. Eres muy grande, tienes toda mi admiración, espero te des la tuya.

3. Fases de la codependencia

Como cualquier otra adicción, la codependencia evoluciona a través de diferentes fases. No nacemos codependientes, sino que nos vamos convirtiendo en codependientes, nos vamos haciendo adictos a la necesidad de aprobación de los demás.

a) PRIMERA FASE

La codependencia surge como un patrón aprendido basado en pensamientos y comportamientos disfuncionales.

De niño aprendes a que buscando aprobación en tus padres y complaciéndoles, recibes atención. Aprendes a cubrir tus necesidades emocionales a través de preocuparte más de los demás que de ti.

b) SEGUNDA FASE

Te gusta el resultado que obtienes cuando complaces a tus padres. Tu estima, tu "subidón" viene del agradecimiento y reconocimiento de tus padres o cuidadores cuando los complaces. Por ello normalizas este comportamiento de complacencia para regular tu valor y estima. Será un comportamiento que extenderás a tus otras relaciones.

c) TERCERA FASE

Empiezas a dejar de buscar tus sueños, tus necesidades al verte atado a personas, que emocionalmente te demandan constantemente. Cada día tienes que esforzarte más para complacer a tus padres, para impresionarles y poder recibir su reconocimiento, pero no siempre lo logras. Como resultado empiezas a sentir resentimiento y gran dolor y vacío emocional.

d) CUARTA FASE

Cada vez tienes mas resentimiento por no poder lograr la atención y validación por parte de tus padres, y te enfocas solo en tratar de cambiarlos o poder influir en ellos. Tú te abandonas. Dejas de lado tus necesidades por completo, siendo ellos tu foco de atención queriendo recibir su apreciación. Y aquí es donde surge la adicción, ya que entras en el círculo de cada vez esforzarte mas para que te consideren y cuando no lo hacen tu ira y enfado cada día crecen más y con ello cada vez el resentimiento es mayor, y para paliar el dolor tratas de ser cada día un poco mejor para que te validen. Un círculo del cual es difícil de salir.

c) QUINTA FASE

Todo tu ser está centrado en tus padres, que son el objeto de tu dolor. No sabes reconocerte. Toda conciencia sobre ti gira en torno a lo que tus padres te han hecho creer sobre ti.

Sales al mundo con los mismos comportamientos aprendidos, y buscas reconocimiento externo tratando de complacer a los demás, de manera sumisa, al igual que lo has hecho con tus padres.

d) SEXTA FASE

En algunos casos, los codependientes no consiguen separarse de sus padres. No se atreven a romper el vínculo emocional con ellos, ya que estos no les permiten independizarse y ser personas individuales.

Los padres controlan totalmente a los hijos, a través del sentimiento de culpa y reforzando la baja estima de los hijos. Estos codependientes terminan sus días atendiendo a sus padres, llenos de dolor por no haber podido hacer su vida. Terminan con enfermedades mentales como depresión, o trastornos alimenticios que son incapaces de superar, ya que no han aprendido a valerse por si solos, continuando en una edad avanzada adulta con el comportamiento de total sumisión hacia los padres.

4. Características principales de las personas codependientes

Los codependientes por su naturaleza son benévolos, preocupados por las necesidades del mundo y responsables hacia ellas.

Como escribe Thomas Wright en un artículo del libro *Co-dependency, an Emerging Issue:* "Yo sospecho que los codependientes históricamente han atacado la injusticia social y han luchado por los derechos de los desvalidos. Los codependientes desean ayudar. Yo sospecho que han ayudado. Pero probablemente murieron pensando que no habían hecho demasiado y se sentían culpables."

Los codependientes se preocupan hasta enfermarse por otras personas. Quieren ayudar de mil maneras. Dicen sí cuando quieren decir no. Tratan de que los demás vean las cosas tal como ellos las ven. Tratan de evitar lastimar los sentimientos de la gente, y al hacerlo, se lastiman ellos mismos. Tienen miedo de confiar en sus sentimientos. Han creído en mentiras y se han sentido traicionados por ello.

Te dejo aquí más detalladamente las características de las personas codependientes para que vayas identificándolas en ti:

❏ **Baja autoestima:** provienen de una familia disfuncional, niegan que su familia sea represora, se culpan así mismos de todo, son autocríticos, rechazan cumplidos, se sienten diferentes al resto del mundo, no se consideran lo suficientemente buenos, se sienten mal haciendo algo para ellos (gastar dinero en ellos en lugar de sus hijos o parejas), se toman todo personalmente, temen el rechazo, se sienten víctimas, se dicen así mismos que no hacen nada bien, viven con culpa, sienten que su vida no vale la pena, creen que nunca les van a pasar cosas buenas, creen que no merecen felicidad, obtienen sentimiento falso de autoestima ayudando a los demás.

❏ **Inseguridad:** les cuesta tomar decisiones, viven con muchos "yo debería", tienen miedo de cometer errores, son incapaces de dar un paso sin necesitar el reconocimiento de otra persona. No confían en su instinto ni criterio.

❏ **Necesidad constante de afecto:** buscan ese afecto constantemente. Lo malo es que en esta desesperada búsqueda, muchas veces se equivocan escogiendo la pareja menos adecuada, o las amistades menos apropiadas. La necesidad de amor les ciega tanto que son la víctima ideal de personas depredadoras narcisistas.

❑ **Necesidad de agradar siempre a los demás:** se mueren por el reconocimiento de los demás. Son muy complacientes.

❑ **Incapacidad para establecer unos límites saludables:** No saben decir "no" por miedo a no agradar a los demás.

❑ **Dificultad para asumir adecuadamente la propia realidad:** les cuesta ver quienes son en realidad y desconfían de ellos y su criterio.

❑ **Dificultad para afrontar de un modo interdependiente las propias necesidades y deseos como adulto:** les cuesta cuidar de sí mismos, creen que los demás son más importantes que ellos.

❑ **Se preocupan en exceso:** se ponen ansiosos por los problemas de otras personas, se preocupan por cosas absurdas, enfocan su energía en otras personas y sus problemas.

❑ Tienen **miedo** de permitir que los demás sean como son, no pueden manejar el miedo que sienten a la pérdida de control. Piensan que ellos saben cómo deben ser las cosas y cómo debe comportarse la gente.

❑ **Tratan de controlar** los sucesos y a la gente por medio de su desamparo, de sentimientos de culpa, de coerción, amenazas, manipulación o de su afán de dar consejos.

❏ **Viven en negación:** tienden a ignorar los problemas o pretender que no los tienen. Se dicen a sí mismos que las cosas mejorarán mañana. Se mantienen ocupados para no tener que pensar en sus cosas. Tienden a deprimirse y enfermarse.

❏ Pueden llegar a ser **obsesivos:** volverse fanáticos del trabajo, comer compulsivamente, gastar compulsivamente, acudir a doctores en busca de una cura, automedicarse.

❏ **Buscan la felicidad fuera** y en los demás no en sí mismos: se pegan a cosas o personas que creen les pueden dar felicidad, relacionan amor con dolor, se preocupan demasiado de cómo caen a los demás. Solo pueden ser felices a través de la felicidad de los demás, no la suya propia: "Si mis hijos están felices yo estoy feliz".

❏ Se sienten muy asustados, heridos y enojados. **No controlan su ira.**

Estas son algunas características de las personas codependientes. Reconocerlas es el primer paso para eliminarlas de ti. Asumir la realidad es el paso más valiente que puedes dar para salir de esas cadenas de una vez por todas.

EJERCICIO 1

¿Te reconoces en las características de las personas codependientes? Por favor no te sientas mal al reconocerlas. No has sido tú, sino la forma en la que te han criado la que ha desarrollado estas características en ti.

Cuando sanas y entiendes el patrón de tu dependencia hacia los demás, puedes empezar a vivir como una persona libre.

Empezar a reconocer tus patrones de conducta y emociones es el primer gran paso para liberarte de las cadenas de la codependencia. Apunta en tu cuaderno las características que has reconocido en ti. Sé honesto, es un ejercicio que solo es para ti. Pero recuerda que reconocerlos es lo que te va a servir para salir del círculo en el que estás metido y ver la gran luz que llevas dentro.

Más adelante vas a trabajar en eliminar estas limitaciones de ti, por ahora guarda lo escrito en un documento que vas a recuperar pronto.

Encontrarte a ti mismo, saber quien eres en realidad, no quien las circunstancias y tu entorno forzaron a ser, y poner límites, son las herramientas que necesitas para no buscar validación en los demás.

5. La Codependencia y tu cerebro

Te habrás visto identificado con muchas de las características de las personas codependientes. Puede que te ocurra muchas veces que te ves diciendo sí cuando quieres decir no, o haciendo lo que los demás te piden, accediendo a sus deseos casi sin ser consciente. Lo haces ya de manera automática, se ha convertido en un hábito en ti.

Es una experiencia confusa, porque por un lado te duele ceder siempre ante los demás y que los otros se salgan con la suya, pero al mismo tiempo sientes alivio al hacer cosas para otros.

¿Te has preguntado alguna vez por qué te cuesta tanto hacer lo que quieres hacer?

¿Eres de los que haces algo, o cedes ante las peticiones de otra persona porque no soportas decir "no", y al hacerlo te sientes frustrado por no seguir tus deseos, pero a la vez sientes sensación de alivio por haber ayudado?

¿Y de dónde viene esta confusión? De tu mente, tu cerebro.

Cada vez que de pequeño te sacrificabas por tus padres, los complacías, te sentías bien porque recibías su atención. Así que aprendiste a satisfacerlos para recibir un premio, "la atención" o su amor. Tu cerebro ahora sigue actuando de la misma manera, para sentir placer o satisfacción actúa atendiendo a los demás con un comportamiento sumiso, ya que cree que así va a obtener atención. Crees que por atender a los demás, te van a querer.

Digamos que **el comportamiento codependiente "enciende" un centro de placer en el cerebro**. Cuando eres recompensado por sacrificarte por otra persona, tu cerebro dice "¡QUIERO MÁS!". Quieres más atención y por eso te olvidas de ti atendiendo a los demás aunque después de hacerlo te sientes mal contigo porque no es lo que realmente querías.

El problema es que este comportamiento sumiso aprendido de pequeño se convierte en tu forma de actuar en la vida, ya que tu cerebro "necesita" sentir el alivio que le da el recibir atención.

Como vas a ver en el punto de la adicción emocional, se han establecido en tu cerebro unas conexiones neuronales de recompensa del comportamiento codependiente.

Pero por favor no te preocupes ahora más por esto, son comportamientos que has tenido hasta ahora, y que desconocías los tenías. Una vez los haces conscientes, puedes empezar a trabajar en ellos para poder cambiarlos y decidir siempre lo mejor para ti, sin la necesidad de priorizar a los demás.

6. Codependencia cultural

Personalmente creo que la codependencia es un mal demasiado generalizado en nuestra sociedad y que se sigue pasando de generación en generación, ya que hay ciertos comportamientos que se ven como normales en nuestra cultura. Ir reconociéndolos y empezar a cambiarlos en tu entorno, es parte de tu responsabilidad para no "crear" más personas codependientes.

Sharon Wescheider-Cruce especialista y pionera en el estudio y tratamiento de la codependencia, menciona que el 96% de la población de Estados Unidos muestra signos de codependencia (1988). Segun Sharon codependientes son:

1. todas las personas que están en pareja con un alcohólico,

2. las personas que tienen uno o más padres o abuelos alcohólicos,

3. o las personas que crecieron en una familia emocionalmente represiva, todo lo cual equivale al 96% de la población.

Parece ser que **los condicionamientos sociales y culturales determinan una alta prevalencia de**

codependencia. Hay conductas que están arraigadas en la sociedad, en nuestro día a día, que influyen en el comportamiento codependiente y que hacen que los roles dependientes de generaciones anteriores se repitan al duplicarse ciertos patrones.

Expongo aquí algunos comportamientos normalizados en nuestro entorno que crean codependencia. (seguro que hay muchos más, lo importante es siempre reconocerlos y caminar hacia tu empoderamiento, a encontrar tu propio valor para salir de este círculo del cual nuestro entorno no nos pone fácil salir):

- Muchas madres viven totalmente pendientes de sus hijos y su marido y no se dan tiempo de realizar actividades de su agrado.

- Está generalizado en la sociedad la creencia de que las personas que siempre quieren hacerse cargo de otros son "buenas" cuando no siempre es así. (en muchos casos la gente cuida porque se siente culpable si no lo hace o por tener miedo al qué dirán).

- El contexto en el que nos desenvolvemos es normal escuchar canciones, ver películas, leer novelas en las que se describe al amor como entregarse uno mismo desmesuradamente, no importando el bienestar de uno con tal de complacer a la pareja y con ello demostrar amor.

- Normalizamos que los padres decidan siempre por los hijos aduciendo que es por su bien. (no permitiendo con ello el desarrollo de su unicidad).

- Nuestra sociedad normaliza el sufrimiento como algo necesario para el amor o el triunfo.

- Esas frases de "los hombres no lloran", "el hombre tiene que proveer la economía del hogar y la mujer el cuidado". (estas frases hacen que nos vemos obligados a asumir roles y a sentirnos mal si no los cumplimos, no permitiéndonos tener elecciones propias).

- Creer que por preocuparte y ocuparte de los demás te van a querer.

- Dejar que nuestra felicidad dependa de que otros nos quieran. (sin una pareja parece que no estamos completos).

- No dejar que los hijos expresen sus emociones al poder ser entendidas como signo de debilidad.

- El mito de la media naranja por el cual se nos hace creer que no estamos completos hasta que no estamos en pareja.

- Creer en un príncipe azul que vendrá y nos salvará de nuestras propias miserias.

- ...

Hay digamos costumbres o modos de actuar que se ven como normales en la sociedad, pero que solo contribuyen a perpetuar los roles de dependencia, contribuyendo con ello a formar una autoestima débil en muchos.

Ser consciente de estas creencias que han sido asumidas como normales y como verdad en nuestra sociedad, es conveniente que las hagas conscientes y las cuestiones.

7. Dependencia emocional

La dependencia emocional es la **dependencia afectiva** o sentimental que consiste en una serie de comportamientos adictivos que se dan en una relación, también se conoce como apego.

En una pareja cuando la necesidad de afecto básica que todo ser humano tiene se convierte en dependencia emocional, cuando las conductas que desplegamos para satisfacer ese afecto son patológicas y desproporcionadas, hablamos de apego.

Se trata de una necesidad afectiva extrema hacia la pareja sentimental; de forma similar al drogadicto que necesita su dosis, la persona dependiente necesita a la persona de la que depende. Esos "no puedo vivir sin ti", "sin él/ella no soy nada", "no sé que voy a hacer sin él/ella", "necesito que vea lo que hago por ella"…

La persona dependiente emocionalmente de su pareja siente que la necesita para su supervivencia, y lo peor es que cuando necesita apartarse de ella porque la relación se convierte en tóxica, se siente incapaz de hacerlo.

Según el análisis del Encuentro Profesional Sobre Dependencias Sentimentales que organiza en Madrid la Fundación Instituto Spiral (2006), **un alto porcentaje de la**

población superior al 40%, se declara dependiente emocional y afirma haber sufrido conflictos relevantes de pareja. Se comprobó que un 10% presentaba características acusadas de una adicción afectiva.

Te enumero aquí esas **características de las personas dependientes emocionales**:

- Búsqueda de validación externa: su baja autoestima les lleva a estar con parejas que las validen.

- Su felicidad depende de los demás.

- Priorizan a sus parejas por encima de las demás cosas: ponen a la pareja por encima de sus padres, compromisos laborales e incluso de sus hijos. Apartan sus aficiones y amistades por estar con la pareja.

- Idealizan a su pareja: sobrevaloran a la pareja, exageran sus méritos.

- Son sumisos a su pareja: adoran a sus parejas y terminan convirtiéndose en sus vasallos. Hacen todo por satisfacer sus necesidades.

- Tienen pánico a que su pareja les abandone: sienten terror a estar solos, a no poder vivir sin la pareja.

- Buscan parejas egocéntricas y posesivas o frágiles emocionalmente: buscan parejas que les necesiten o que les digan qué hacer. Así satisfacen su necesidad de cuidar, o cubren su poca valía a través de otra persona que creen vale más que ellos.

- No soportan la soledad. Por ello van de una relación a otra buscando la pareja ideal.

- Viven por y para su pareja.

- Intentan siempre arreglar los problemas de su pareja.

- Necesitan la aprobación de su pareja para cualquier actividad.

- No se quieren nada, se critican y desprecian.

- Necesitan agradar a los demás.

- Sienten gran dolor emocional: el miedo a perder a la pareja, hace que vivan dolidos. Además pueden sentirse resentidos y con ira porque la pareja no responde a sus necesidades. Se sienten rechazados y viven con un sentimiento de vacío y soledad.

- Su sistema de defensa hace que en lugar de hablar abiertamente de lo que sufren, minimizan o niegan tener un problema, llegando incluso a enfadarse con quien cuestionan su estado. Al no soltar el dolor emocional su sentimiento de culpa, resentimiento y miedo crecen.

- Tienen pensamientos ilusorios, autoconvenciéndose de que la relación en la que están no es tan mala y que las cosas las podrán mejorar.

- Perdida total de la identidad propia por mantener todo su foco en salvar la relación y centrarse en la otra persona y no en ellos mismos.

- Se victimizan. Utilizan la autocompasión para calmar el dolor emocional que sienten, y para llamar la atención de los demás.

¿Te reconoces en estas características? Por favor no te trates mal por ello, no te hables con autocrítica. Lo más importante es que estás aquí para superar esto y ser tu prioridad.

Cuando estás es una relación como persona codependiente, te dices que eres feliz, que lo que te gusta es amar a los demás, que disfrutas haciendo que los demás se sientan bien, que no te importa dejar tu carrera de lado para que tu pareja persiga la suya, … pero **esta felicidad se basa en tu negación, en que no te permites reconocerte como persona.**

Cuando ayudas constantemente a tu pareja, te olvidas de ti, de tus necesidades y no hay nadie que pueda ser feliz así, no atendiéndose. Llega un punto en el que tu comportamiento entregado al otro y no a ti, te crea frustraciones, ansiedades; ese momento en el que te das cuenta de que no has hecho nada en tu vida para ti, que no sales con amigos, que no tienes hobbies, que no tienes aspiraciones propias ... y eso te duele.

Debes también entender que tu comportamiento codependiente no solo tiene consecuencias para ti, ya que digamos te dejas de lado y eso te crea un vacío emocional, sino que tiene consecuencias negativas en tu pareja. Cuando ayudas y atiendes constantemente a tu pareja, no le permites que se desarrolle emocionalmente ni cubra sus propias necesidades, porque ahí estás tú para hacerlo. Cuando cuidas a una persona como si fuera un niño pequeño contribuyes a que desconecte de sí misma.

Tu codependencia no solo afecta a la relación de pareja, ya que la otra parte aprende a que tú seas su muleta, quien le soluciona la vida, sino que afecta también a su vida profesional y personal, al aislarla de amigos y familiares. A la larga tu comportamiento codependiente crea frustraciones en la otra parte.

Tienes que ser consciente que tu necesidad de ser valorado por tu pareja, ese sentirte amado solo cuando los demás te aman, te hace candidato para parejas bien codependientes que necesitan que les cuides constantemente, o bien parejas que te dan esa validación que tú buscas y te marcan el camino en la vida por donde ir, pero que a la larga termina molestándote, ya que cada vez reclaman más poder sobre ti y llega un momento en el que eso te asfixia. En cualquier caso, cuando eres codependiente, las relaciones de pareja que mantienes son disfuncionales.

Ese creer que la pareja es parte fundamental de tu felicidad y bienestar, y que no puedes tener una vida por ti mismo, te deja atrapado muchas veces en una relación que te causa dolor quizá porque la otra parte se vuelve abusiva siendo consciente de su poder sobre ti.

Es duro admitir tu codependencia, porque tu intención es ayudar a los demás y sentirte bien haciéndolo. Sin embargo la dinámica en la que te enroscas en tu relación te termina destrozando. Tú permites que decidan por ti, permites una mala cara por miedo a que te abandonen, ... y el problema viene de que probablemente tu pareja es una persona a su vez con la misma necesidad de valoración externa, y cada día te exige más, llegando a una dinámica de pareja totalmente tóxica.

Las parejas de una persona codependiente suelen exigir cada día más atención y cuando no la reciben expresan su ira, que puede ir en aumento para lograr lo que buscan, tu adoración y atención.

Lo que en un principio buscas, que te cuiden, tomen decisiones por ti, ... según la relación avanza, estas parejas van tomando más poder sobre ti, pidiendo más de ti, y para lograrlo pueden llegar a ser agresivas. Son esas parejas narcisistas de las que hoy tanto se habla.

Pero además debes de considerar también que tus atenciones excesivas a tu pareja pueden ahogarla. Como te he dicho antes, el hacer todo por tu pareja sin permitirle una opinión, hace que la invalides, ya que no consideras si realmente lo que tú le das es lo que desea. Y llega un punto donde la pareja de un codependiente, trata de romper la relación, al no poder ser ella misma.

EJERCICIO 2

¿Te has reconocido en alguna de las características de las personas dependientes emocionales? Por favor reléelas y anota en tu cuaderno las qué identificas en ti. Sin torturarte por favor. Estás aquí para liberarte de esa dependencia, de esas ataduras emocionales. Empieza a tratarte con cariño, es fundamental la empatía hacia ti. Estás en camino a deshacerte de todas las ataduras emocionales.

Aceptar tus comportamientos es el paso más importante para liberarte de ellos. Eres muy valiente por dar este paso.

7.1 No es amor, es anhelo

Para empezar a deshacerte de esta dependencia emocional, has de entender que más que enamorado o enamorada de tu pareja has estado, o estás "enganchado".

Cuando sientes que no puedes vivir sin tu pareja, te pones celoso o celosa de lo que hace aún habiendo dado el paso de apartarte de ella (al punto que vives mirando sus redes sociales y te arde el cuerpo cuando le ves con otra persona), eso que parece ser un amor que te quema, no es amor, sino anhelo.

El **anhelo** es una emoción poderosa que parece emanar directamente del corazón, que consiste en querer alcanzar algo con lo que no puedes conectarte, y cada vez que no puedes conectarte con lo que estás buscando, el dolor se vuelve más intenso.

Quieres estar cerca de tu pareja, que te cuide, te proteja, te atienda, y cuando esta no lo hace, te duele. Sientes que necesitas cuidarle, ayudarle, agradarle ... Te cuesta estar a solas contigo mismo, sientes que sin tu pareja no eres nada. No eres capaz de definirte a ti mismo o a ti misma sin esa persona, si no estás con tu pareja te sientes vacío. Necesitas a tu pareja para ser tú.

Pero déjame decirte que esta necesidad imperiosa del otro no es amor, es adicción.

Allen Carr en su libro, "Es fácil dejar de fumar" dice que fumar es como caminar con una piedra en el zapato siempre estás con ansiedad. Cuando enciendes un cigarrillo el alivio es enorme por un momento, como la sensación de sacarte la piedra de tu zapato. Sin embargo, sin un cigarrillo, la sensación de la piedra en el zapato vuelve y necesitas fumar un cigarro de nuevo para aliviar la sensación nuevamente.

Lo mismo ocurre con el resto de nuestras ansiedades no resueltas y sin curar. Son como la "piedra en nuestro zapato". Buscamos un alivio momentáneo, que luego resulta destructivo. Te aferras a tu pareja esperando te otorgue la salvación y el alivio a tu ansiedad provocada por la sensación de vacío y desconexión emocional. Pero cuanto más te resistes a apartarte, a olvidar, más enganchado quedas en la relación y tu dolor cada día es más grande al crecer tu frustración por no tener lo que buscabas.

Para superar este enganche a tu pareja debes entender tu adicción fisiológica a esa persona. Eso que no responde a tu razón sino a la fisiología de tu cerebro, a la química. Cuando entiendes lo que te ocurre puedes empezar a cambiar. Vas a trabajar en esto en la segunda parte del libro, por ahora haz el siguiente ejercicio. Ahora se trata de reconocer tus comportamientos, ya que sin ser consciente de ellos no puedes modificarlos.

EJERCICIO 3

¿Crees que realmente has estado enamorado o enamorada de tu pareja o intuyes que pudiste caer en la relación por la necesidad de verte en pareja, de sentirte amado, querida, de creer que era mejor estar en pareja que solo, de escaparte de la situación que tenías?

Piénsalo sinceramente. No tienes que dar explicaciones a nadie, ni siquiera tienes que justificarte ante ti. Tu falta de identidad, tu necesidad de validación externa te han llevado a comportamientos para cubrir el vacío. Aceptarlo es parte del proceso de sanación y de recuperación de tu propia identidad. No podemos sanar aquello que no hacemos consciente.

Anota la respuesta, abre tu corazón, sincérate contigo mismo. ¿Qué sientes? ¿Qué piensas? Escríbelo, porque en la siguiente parte vas a trabajar con esas emociones y pensamientos que vienen a ti.

7.2 Idealizas el amor

Hay veces que las personas idealizamos el amor debido a que nuestro entorno nos ha enseñado a hacerlo. ¿Eres tú una de esas personas que cree en un amor idílico, o que el amor tiene que doler, ...?, ¿Buscas a tu príncipe azul, a tu pareja ideal? Ten cuidado porque esta sobre exigencia, esta búsqueda de la perfección te hace infeliz.

Vivir idealizando a tu pareja te hace vivir frustrado. La perfección, esa imagen que recreas sobre tu pareja o el amor, no existe. Las relaciones y el amor se construyen cada día, con apoyo, cariño, empatía, compañerismo, ... Ni las personas somos perfectas, ni una relación es maravillosa cada día. Una relación se construye con el apoyo de las dos partes, día a día.

Según la R.A.E. , la idealización, es el resultado de elevar las cosas sobre la realidad sensible por medio de la inteligencia o la fantasía. Esto es, "mejorar" lo real con nuestra imaginación.

Cuando idealizas a tu pareja, la ves no como es, sino como la quieres ver.

Idealizas el amor, cuando conoces a alguien que reúne una serie de características deseables para ti y por las que te sientes atraído, y le atribuyes muchas más de las que realmente tiene. Con esto estableces un vínculo con tu pareja basado en tus expectativas, no en la realidad.

Cuando idealizas a alguien crees en eso que nos dicen que el amor duele, y esto hace que no veas a esa persona de una manera realista, minimizando sus defectos o negándolos incluso. Llegas a justificar sus errores diciéndote "ya cambiará", y pese a que te hace daño sigues con la relación. Te aferras a tu ideal de la relación (no a la realidad), no atendiendo incluso a sus comportamientos no adecuados contigo.

Lo que te proporciona emociones positivas en la relación es tu ensoñación, tu ideal de como quieres que sea tu pareja, y así alimentas el vínculo con ella, creyendo que la amas, cuando en realidad lo que quieres es el ideal de ella. No te hace bien la relación, pero "la quieres" y eso te impulsa a continuar la relación.

El **mecanismo de la idealización** explica por qué algunas personas en algún momento han mantenido o mantienen relaciones sentimentales con personas que no les convienen, relaciones de dependencia emocional.

EJERCICIO 4

Observa tu "amor" hacia tu pareja. ¿Cuándo sientes que la "quieres" o te sientes más unida a ella? ¿Cuándo está presente físicamente o cuando piensas en vuestros encuentros? Si estás "más enamorado" cuando la otra persona no está, y cuando estáis juntos sientes frustración, decepción, dolor, tristeza, ansiedad o enfado, muy probablemente estás idealizando a tu pareja.

Te pongo un ejemplo: te pasa que cuando estás con amigos y te preguntan por tu relación, solo les cuentas cosas buenas de tu pareja y te imaginas que es atenta, te saca a cenar, te mima... pero cuando llegas a casa, en tu nube de amor, y tu pareja te pregunta con quién has estado, te grita, o simplemente ni te mira ... te sientes pequeño, culpable, ... ¿Te autoengañas con una imagen de tu pareja casi perfecta, te aferras a la imagen, pero la realidad es otra?

Una vez más se trata de reconocer tu dependencia, sin que te sientas mal por ello por favor. Solo estás ahora reconociendo lo que te ocurre, haciendo conscientes tus comportamientos, para poder pasar luego a sanar esas heridas emocionales que te hacen vivir priorizando a los demás y dejándote a un lado. Así que por favor, nada de tratarse mal por ver tus comportamientos codependientes. Estás aquí para modificarlos y sentirte libre.

En la segunda parte del libro vas a aprender a como "desengancharte", como despegarte de esa persona de la que sientes no te puedes apartar. Vas a poder poner en práctica ese contacto cero del que tanto se habla hoy, ya no físico sino lo más importante, emocional.

Vas a aprender a ser tú, a validarte para "no necesitar" a nadie para ser feliz. Al reconocerte y apreciar tu valor, el vacío emocional desaparecerá junto con la necesidad de valoración externa que es lo que te hace depender de los demás.

Amándote a ti, te vas a liberar y dejar de ser un esclavo del "amor".

7.3 Etapas de una relación codependiente

La dependencia emocional se da cuando te aferras en exceso a tu pareja. Es un patrón que surge de necesidades emocionales no satisfechas en la infancia que hace que las personas "se enganchen" a sus parejas para cubrir ese agujero emocional.

Necesitar a tu pareja para sentirte completo y feliz, es un claro síntoma de que mantienes una relación como codependiente.

Cuando estás en una relación es normal depender de tu pareja, pero hacerlo de manera absoluta y depender del otro para tu felicidad es lo que hace que la relación se convierta en tóxica.

En muchos casos la dependencia emocional a una pareja puede volverte obsesivo, obsesiva, llegando a perder tu raciocinio. Puedes llegar a actuar empujado por tus impulsos sin contemplar las consecuencias.

La codependencia puede hacer que sientas un ataque de celos, o que llames a tu ex pidiéndole explicaciones por su comportamiento, o te puede hacer controlar lo que hace o deja de hacer tu pareja hasta el punto de meterte en su móvil, violando su intimidad. La codependencia es una adicción y tienes que empezar a verla como tal.

Como en cualquier adicción la codepencia evoluciona en diferentes etapas claramente marcadas, y en las que vas progresivamente aumentando tu dependencia hacia la otra persona. Paso a enumerarlas para que puedas reconocerlas en ti:

1. ETAPA TEMPRANA o DE EUFORIA

La etapa temprana empieza con el deseo de tener pareja y cuando conoces "a la pareja ideal", esa que te salva de tu soledad, te hace ver el cielo. Encuentras a "tu otra mitad" y sientes que eres la persona más afortunada en este mundo. Es la etapa en la que te apegas a alguien.

Tu sensación de euforia es tal, que te hace olvidar u obviar tu vacío emocional anterior.

En realidad una relación como codependiente empieza como cualquier otra relación romántica donde es normal depender de la otra parte.

Pero cuando eres codependiente, principalmente fallas en mantener unos límites personales saludables y renuncias a ti mismo. Gradualmente, te vuelves cada vez más dependiente emocionalmente y te obsesionas con esa persona hasta el punto que pierdes el enfoque en ti mismo y empiezas a renunciar a tus amigos y actividades personales.

Idolatras a tu pareja y la relación. Le atribuyes cualidades que no tiene, y exageras las que tiene. Hablas de tu pareja a todos tus conocidos, y les cuentas que eres la persona más afortunada que existe. Te encuentras en tal estado de exaltación que ni tan siquiera prestas atención si el sentimiento por parte de tu pareja es recíproco, aunque tú crees que lo es.

Esta felicidad inicial transitoria (yo la definiría como una **felicidad tóxica** que no te deja ver la realidad) explica el desequilibrio en el resto de la relación. Tanta felicidad servirá para que justifiques las situaciones de sufrimiento que se puedan dar en los conflictos que vayan surgiendo.

Las fases por las que pasas en esta primera etapa en tu relación como codependiente según Darlen Lancer en su "Codependecy for dummies", son:

a) Te sientes atraído

b) Intentas agradar a esa persona

c) Te obsesionas con tu pareja y su comportamiento

d) Dudas de tu propia percepción

e) Niegas la adicción a esa persona

f) Dejas de lado actividades y amigos para estar con esa persona

g) Tu vida familiar y social se ve afectada

h) Cada vez te vuelves más dependiente emocionalmente de tu pareja

2. ETAPA MEDIA o DE SUBORDINACIÓN

Después de una primera etapa donde te enganchas a tu pareja, pasas a la etapa de subordinación, donde te descuidas de ti. En esta etapa es donde prevalecen la negación, las emociones dolorosas y los patrones de comportamiento obsesivo-compulsivo. Aumentan los intentos de control hacia tu pareja, mientras te sientes más fuera de control.

Sin apoyo, ya que has dejado de lado a las personas que te resultaban cercanas, la negación y el aislamiento continúan y los problemas empeoran. Minimizas lo que vives y te escondes de ti mismo y de otros aspectos dolorosos de tu relación y te alejas de actividades externas y amigos.

Mientras tanto, aumenta tu obsesión por la relación o adicción y la ansiedad, el resentimiento y la culpa que la acompañan.

Haces más para ayudar y controlar a la otra persona que para ti mismo. Tu frustración, vacío y dolor crece ante tu expectativa de ser atendido y la realidad de no serlo por parte de tu pareja. Ello hace que aumenten tus cambios de humor y los conflictos.

En esta etapa algunos codependientes recurren a las drogas, la comida, los gastos u otro comportamiento adictivo para hacer frente a su dolor y vacío.

Los comportamientos característicos de un codependiente en esta etapa según Larcen son:

a) Minimizas o escondes aspectos dolorosos de la relación

b) Tu ansiedad, sentimiento de culpa crecen

c) Te alejas de amigos y familiares

d) Vigilas obsesivamente a tu pareja

e) Intentas controlar molestando, culpando y manipulando

f) Tu decepción e ira crecen debido a las promesas rotas de tu pareja

g) Sientes resentimiento por no poder controlar el comportamiento de tu pareja

h) Tienes cambios de humor y hasta agresividad

i) Permites que tu pareja te maneje y controle tus necesidades

j) Para lidiar con el dolor consumes comida, alcohol o compras compulsivamente

En esta segunda etapa de la relación la persona dependiente muestra su entrega y subordinación y su pareja se muestra encantada de recibir todas sus atenciones.

No todas las parejas de codependientes son dominantes, pero el codependiente siempre utiliza la subordinación para agradar a su pareja.

En esta fase el codependiente se anula totalmente frente a su pareja asumiendo como propios los intereses, creencias y valores de esta. El codependiente termina diluyendo su identidad con la de su pareja, perdiendo la noción de quien es realmente.

Su autoestima va disminuyendo, cada vez se siente más perdido, ya que olvida quien es y eso le genera ira, decepción y resentimiento.

Ante la frustración el codependiente trata de cambiar, manipular y culpar a su pareja de su dolor. Su estado de ánimo cada vez empeora más, ya que la pareja se distancia del codependiente por sus comportamientos, y simultáneamente la obsesión y dependencia aumentan en el codependiente.

3. ETAPA FINAL

En esta última etapa la dependencia a tu pareja aumenta, tu mundo se reduce y aparecen más frecuentemente la ira y los conflictos de pareja. Tu autoestima es casi nula y prevalecen la desesperanza, el vacío y la depresión. El estrés crónico de la codependencia se manifiesta en nuevos síntomas, como problemas de salud relacionados con el estrés y conductas y adicciones obsesivo-compulsivas nuevas o más avanzadas.

Problemas digestivos y del sueño, dolores de cabeza, tensión muscular, trastornos alimentarios, alergias, ciática y enfermedades cardíacas entre otras son problemas que pueden surgir en esta etapa por el alto nivel de estrés en el que te encuentras inmerso.

El codependiente queda completamente a merced de su pareja y su dolor por no reconocerse le genera tanto dolor que busca constantemente el reconocimiento de su pareja de un modo más exigente, lo cual hace que la pareja se aparte cada vez más. La relación entra en continuos conflictos.

Algunas características típicas de esta última etapa de una relación como codependiente según Larcen una vez más son:

a) Desarrollas enfermedades físicas

b) Te sientes enfadado, depresivo y sin esperanza

c) Tu autoestima es cada vez menor

d) Te sientes desesperado y olvidas tu autocuidado

e) Aumentan los conflictos de pareja

4. FASE DE IDA y VUELTA

Llega un punto en el que el codependiente pierde el control por completo y el de la relación. Cada miembro de la pareja tiene expectativas irreales sobre el otro y siente que sus necesidades no son satisfechas por la otra persona. Las dos partes empiezan a percibir la inviabilidad de la relación, pero a los dos les cuesta romper el círculo vicioso en el que están metidos.

El dependiente emocional se muestra especialmente sumiso, para evitar el abandono. Los celos se hacen cada vez más latentes y la vigilancia hacia la pareja aumenta, ya que cada vez se aparta más del codependiente.

En esta fase empieza un periodo de idas y venidas de la relación. Las rupturas y las reconciliaciones se suceden. El dependiente emocional soporta todo tipo de situaciones que dañan su autoestima por el miedo a quedarse solo. Estas idas y venidas pueden durar años, hasta que una de las partes de la relación decide romper definitivamente y recuperar su control.

Tienes que aprovechar uno de estos finales para recuperar tu libertad y rehacer tu identidad. Si no sanas tu dependencia podrás volver al punto de inicio, a la primera fase, buscando otra rana que besar y esperando sea tu príncipe azul.

Por eso es muy importante que tras una ruptura te des el tiempo de sanar tus heridas, tu vacío emocional para no entrar de nuevo en el ciclo de otra relación dependiente que puede destruirte aún más.

Así que por favor aunque te sientas roto, destrozada por haber terminado tu última relación, date la oportunidad de sanar las heridas emocionales para no volver a repetir los patrones anteriores en tu vida. Sana para amarte y para poder abrirte a relaciones sanas y cerrar la puerta a personas engreídas, egocéntricas, posesivas y conflictivas, y también a esas otras codependientes con necesidad de ser cuidados y vulnerables.

Mereces conocer el amor de verdad y para ello tienes que amarte a ti primero.

EJERCICIO 5

¿Has podido identificar las etapas de tu relación? Tómate el tiempo para pensarlo y ver tus comportamientos codependientes a lo largo de la relación. Por favor no te culpes, no te sientas mal por ello. Has actuado así porque no contabas con las herramientas emocionales para hacerlo de otra manera. Son las maneras de actuar con las que has crecido y no sabías hacerlo de otra manera.

Es importante que ahora reconozcas tus comportamientos codependientes. Una vez más aceptar es el primer paso hacia tu recuperación. Reconocer tus comportamientos codependientes es el primer paso hacia encontrar la gran persona que eres.

8. Dinámica entre un codependiente y un narcisista

Esta primera parte del libro trata de ayudarte a ver y entender tus comportamientos codependientes y las dinámicas en las que te ves envuelto por ellos.

Las personas con codependencia muchas veces forman relaciones con personas que tienen TNP (trastorno narcisista de la personalidad). Por lo general, las dos partes desarrollan roles complementarios para satisfacer las necesidades del otro. La persona codependiente encuentra una pareja a la que puede dedicarse, y la persona narcisista encuentra a alguien que prioriza sus necesidades.

Sin embargo, esta dinámica puede volverse poco saludable rápidamente. La persona codependiente puede tratar de vivir indirectamente a través de su pareja más grande a sus ojos. Cuando su pareja no muestra suficiente gratitud por su servicio, la persona codependiente puede sentir resentimiento. Mientras tanto, la persona narcisista a menudo explota las tendencias agradables de su pareja para su propio suministro narcisista. A medida que crece su ego, sus demandas pueden aumentar, hasta que la persona codependiente finalmente se agote.

Incluso si desarrollan una relación abusiva, ninguno de los cónyuges intenta irse. Ambas personas pueden permanecer en una situación poco saludable por miedo a estar solos. Sin ayuda, esta dinámica puede volverse cada vez más tóxica.

Es necesario ver y entender en la dinámica en la que se entra en una relación con una persona narcisista para sanar y no repetir patrones.

Has de saber que el narcisismo y la codependencia no son opuestos. El deseo de sentirse necesitado no es tan diferente del deseo de sentirse importante. Como codependiente antepones a los demás y sus necesidades a las tuyas y buscas que los demás te reconozcan tu valor, y los narcisistas es justo lo que necesitan alguien que les atienda antes que así mismos.

Para Darlene Lancer (experta en codependencia y autora de "Codependencia para dummies", o "Dealing with a Narcissist: 8 Steps to Raise Self-Esteem and Set Boundaries with Difficult People") codependientes y narcisistas comparten los síntomas centrales de la codependencia: negación, vergüenza y baja autoestima, límites disfuncionales, comunicación disfuncional, dependencia, problemas de control y, problemas de intimidad.

Los codependientes y narcisistas provienen de un mismo origen disfuncional, necesitan de los demás para crear su valor, solo que reaccionan de diferente manera para obtenerlo, unos haciéndose sumisos y buscando gratitud, otros haciendo que los demás los admiren sin importar como. Los primeros sienten una gran empatía por los demás, pero apenas la tienen para sí mismos, mientras que los narcisistas carecen de ella. Los narcisistas se ven grandes, los codependientes se ven pequeños, pero ambos dos necesitan reconocimiento externo.

El principal error que comete el codependiente es darle el beneficio de la duda al compañero narcisista porque es muy difícil de comprender que alguien pueda ser tan egoísta e inflexible. Así comienza la dinámica.

Mientras que el codependiente puede fácilmente "enamorarse" de la atención y los encantos del narcisista, el narcisista puede enamorarse rápidamente de lo que ofrece el codependiente, es decir, el control completo de la relación. El codependiente sacrifica voluntariamente los límites, los deseos personales, las metas e incluso la felicidad personal para perseguir y complacer al narcisista, que ama la atención y el sentimiento de ser todo y todas las cosas para el codependiente.

Una vez que el narcisista ha "ganado" al codependiente, el narcisista ya no siente que su encanto inicial es necesario. Después de obtener el amor, el afecto, el sacrificio y la atención del codependiente, el narcisista ahora se siente con derecho a ellos. En ese momento, el codependiente se encuentra en una situación demasiado familiar de la que no puede salir.

Mientras que el codependiente anhela desesperadamente el amor y la atención que el narcisista inicialmente derramó sobre él o ella, es probable que nunca lo vuelva a experimentar.

La dinámica narcisista-codependiente no es una dinámica fácil de dejar, pero como codependiente puedes liberarte ...

¡Mientras estés dispuesto a hacer el trabajo necesario para aprender a amarte y conocerte! Empezar a reconocer las dinámicas vividas, es fundamental para conocerte y empoderarte.

Curiosamente, si bien los narcisistas y los codependientes a menudo se ven y definen en estos términos opuestos, pueden exhibir comportamientos similares, que incluyen negación, vergüenza, límites disfuncionales, la necesidad de controlar a otros y la dependencia de otros para su validación. En otras palabras, la mayoría de los narcisistas también pueden clasificarse como codependientes, aunque lo contrario no es cierto (la mayoría de los codependientes no comparten las características de los narcisistas). De hecho, las únicas cosas que separan a los narcisistas de los codependientes son la falta de empatía y el sentido de derecho y grandiosidad de los narcisistas.

Los codependientes encuentran a las parejas narcisistas profundamente atractivas. Se sienten perpetuamente atraídos por su encanto, audacia, confianza y personalidad dominante.

Cuando tienes pocas competencias emocionales, dificultades para expresar y regular tus sentimientos de manera apropiada, te cuesta comprender tus emociones propias y las de los demás, eres candidato firme para un papel de **sumisión en las relaciones**.

Para crecer como persona y dejar atrás ataduras no se trata de buscar culpables, sino de identificar qué papel desempeña uno mismo en su dependencia.

¿En algún momento te has visto reflejada o reflejado en tu dinámica de pareja? Reconocer y aceptar son necesarios para poder cambiar. Estás en ello. No aceptar nuestras heridas y nuestros comportamientos no nos ayuda a crecer. Ver quienes somos es lo que hace empoderarnos.

EJERCICIO 6

¿Reconoces la dinámica de pareja que has tenido en tus relaciones? ¿crees que te has visto envuelta o envuelto con una persona narcisista por tu necesidad de agradar y búsqueda de validación en los demás?

Ver y entender nuestros comportamientos es fundamental para poder sanar y empoderarse. Cerrar los ojos a la realidad y quedarte solo en la crítica a quien te ha hecho daño no te deja crecer. Mirarte en el espejo, aunque doloroso es necesario para ver quién eres y sacar todo tu valor. Reconocer tus comportamientos actuales te sirve para poder entender tu vida y decidir los que deseas cambiar.

Entender las dinámicas que has vivido no significa culparte de lo vivido ni mucho menos, pero sí responsabilizarte del cambio en ti para crecer como persona. Has crecido sin saber cómo validarte y eso te ha hecho entrar en dinámicas de relaciones disfuncionales, pero ahora es el momento de sanar y crecer como persona. Eres grande.

9. Ruptura de una relación codependiente y el dolor que produce

Cuando has tenido miles de idas y venidas con tu pareja, llega un momento en el que tomas fuerzas y decides romper porque cada vez que vuelves la situación se repite y la relación es cada vez más tóxica y te hace más daño.

Hay otras veces que la ruptura se produce porque la pareja de un codependiente desaparece porque tan poco puede más con las idas y venidas y los altibajos de la relación. En cualquiera de los casos el dolor es muy grande, porque como codependiente pensabas que esa pareja era el amor de tu vida, todavía la necesitas para vivir y la ruptura te duele enormemente porque no sabes cómo vas a seguir viviendo, o si te quedan fuerzas para seguir adelante. Pero créeme, puedes y vas a salir adelante, reforzado o reforzada como persona viendo todo tu valor.

En el momento que la relación se rompe tienes que empezar a centrarte en ti. No, ya sé que nunca lo has hecho, pero necesitas ser tu foco.

Es normal que eches de menos a tu pareja, que te acuerdes de todas las cosas bonitas que habéis vivido. Pero es importante que cuando vengan estos recuerdos trates de ver a todo lo que has renunciado para que la relación funcione. Es muy importante que comiences a ver las cosas desde la perspectiva de la realidad.

Por favor, ante todo no te castigues por sentir ganas de querer volver con tu ex pareja, es muy normal, es un proceso químico en tu cerebro.

No es fácil romper el vínculo que has creado con tu expareja. Eres consciente de que la relación te ha dejado mal, que has dado demasiado de ti, pero a pesar de eso no puedes parar de pensar en esa persona.

La relación que habéis mantenido ha sido como una montaña rusa emocional. Cada vez que tú te has sentido no querido, no atendida, te has enfadado y has tratado de exigir más, y en esa exigencia tu ex pareja reaccionaba apartándose o enfadándose y hasta poniéndose violento/a en algunos casos. Una vez se pasaba la tormenta tu pareja volvía a por más atención y tú siempre has estado dispuesto a dársela. Pero cuando se la dabas y te dejabas a un lado tu frustración crecía. (como has visto en el capítulo "Dinámica entre un codependiente y un narcisista").

Este sube y baja de emociones, hoy me siento amado, y mañana me siento vacío sin que nadie me valore, ha creado en ti una adicción química que ahora sigues repitiendo. Tu cuerpo se ha vuelto adicto a este cambio de emociones.

Cuando buscas algo que quieres, algo que alguna vez has tenido (la atención), el cuerpo se vuelve dependiente de ello. Desesperadamente buscas la aprobación de tu pareja, necesitas tu dosis dulce de él, quedando así atrapado en un vínculo que te asfixia.

Por esta "adicción" es que te cuesta olvidarte de tu expareja y sientes que quieres volver con ella.

La Dra.Helen Fisher (antropóloga biológica y autora de "Anatomía del Amor" descubrió que esta experiencia de "frustración-atracción" en una relación romántica en realidad aumenta nuestros sentimientos de amor, en lugar de obstaculizarlos. En sus libros nos dice cómo los cerebros de quienes se encuentran en relaciones cargadas de adversidad se activan de una manera inquietantemente similar a los cerebros de los adictos a la cocaína.

Por eso romper una relación disfuncional te deja en un estado de abstinencia, en un sentir que necesitas volver con tu ex pareja. Es la química que es más fuerte que tu raciocinio. Pero no te preocupes, más adelante vas a entender mejor la adicción emocional y sobre todo vas a trabajar para salir de ella, sanando esas heridas emocionales que te han llevado a comportamientos codependientes y encontrar el maravilloso ser que eres.

EJERCICIO 7

Escribe sobre tu relación, trata de ver los altibajos constantes en los que has vivido. Aceptar nuestro comportamiento es fundamental para poder cambiar. Trata de analizar cómo has ido en busca de tu pareja buscando atención, buscando unas migajas de amor, o cómo has aceptado un mal comportamiento por su parte.

Anota también cómo te hace sentir esto, porque vas a trabajar sobre ello en la parte dedicada a tu sanación.

10. DUELO

"Duelo" proviene del latín dolus (dolor) para referirse a una respuesta emotiva que aparece a causa de la pérdida de algo o alguien.

La ruptura amorosa de una relación disfuncional es un tipo de duelo ambiguo donde experimentas estados afectivos y cognitivos negativos. Te ocasiona mucho estrés y desconcierto, ya que no sabes si la ruptura es temporal o definitiva, y albergas la esperanza de que las cosas vuelvan a ser como eran. Es un momento muy confuso lleno de emociones contradictorias.

La ruptura con tu pareja al principio duele como si no lo fueras a superar nunca. El estado de aflicción por haber perdido al que creías el amor de tu vida, con quien te habías imaginado terminar tus días, es grande y necesitas un periodo de tiempo para aceptar lo vivido y balancear tus emociones. A ese periodo de tiempo se le denomina duelo, que termina con la aceptación de lo vivido, siendo la puerta al encuentro de tu verdadera esencia.

Reconocer lo vivido alivia, pero duele y necesitas un tiempo para procesar todos tus sentimientos encontrados.

En esta etapa de asimilación de sentimientos vas a pasar por diferentes fases: negación, ira, insensibilidad, miedo, depresión, culpa y aceptación. No te sientas mal por pasar de una a otra constantemente. Es normal.

Romper con la persona que has amado, a la que has entregado tu corazón, olvidarte de los proyectos que teníais en común, tus ilusiones puestas en tu pareja,.... No es fácil. Pero por favor date el permiso de sacar ese dolor, de expresar tu ira, tu tristeza, culpa, dolor ... son emociones válidas, nada de esconderlas, las necesitas asimilarlas para poder pasar página.

Recuerda que las etapas por las que vas a pasar no suceden una después de la otra, sino que pasarás de una a otra varias veces, hasta que llegues a la última, la de la aceptación.

10.1 Etapas del duelo por ruptura de tu pareja

A) Negación

Te has pasado toda la vida negándote a ti mismo. Intentando aparentar que estabas bien. Es normal que ahora ante la ruptura también te niegues a ti mismo, niegues el dolor que has vivido y que quieras seguir creyendo que tú eres culpable de la ruptura, que podrías haber hecho más por la relación.

Si la relación la ha roto tu pareja, tu negación va a ser de no creerte que te haya dejado, la incredulidad se instaura en ti.

Duele. Negarlo es una forma de protegerte, de no afrontar el dolor. Y es normal que niegues lo ocurrido, ¿quién quiere padecer dolor? Necesitas tiempo para aceptar lo vivido. Date ese tiempo, cuando te enfrentes a tus sentimientos dejarás la negación a un lado.

B) Insensibilidad

Algunos codependientes, cuando pasan la etapa de negación de la ruptura y empiezan a ver que es un hecho y que no hay vuelta atrás, entran en una fase de no sentir nada. Se quedan sin emociones aparentes, o tratan de mostrar que no les duele la ruptura.

Si eres una de estas personas puede que creas que no sientes dolor y tratas de justificarte diciéndote que quizá no habías sentido amor por tu expareja y tratas de creerte y hacer creer que estás bien, mejor que nunca.

Por favor si entras en esta etapa trata de hacerla consciente y de ver que el dolor es normal, es humano sentirte mal. Si guardas tus emociones mucho tiempo desconectas de ti. Así que por favor si estás tratando de demostrar al mundo que estás bien, recuerda que es de esto de lo que estás huyendo, de hacer cosas para los demás. Permítete conectar contigo y dejar que tus emociones salgan, todas son válidas.

C) Ira

La ira es otra etapa normal en el duelo. Sientes incluso ira hacia ti por no saber cómo parar todo ese dolor que sientes.

Es una etapa donde te cuestionas todo. Te preguntas por qué caíste en una relación tan dañina, por qué has aguantado tanto, por qué se ha roto, ... todo son porqués.

Incluso puedes llegar a tener necesidad de venganza por sentir la ruptura como un ataque personal y una injusticia.

Es la etapa donde te repites lo que has hecho por tu pareja, todo lo le has dado, como te has entregado a esa relación y te sientes traicionado por recibir nada a cambio. De la idealización que tuviste al principio de la relación, pasas en esta etapa a centrarte en todo lo malo de tu ex pareja y a culparla de todo lo malo que sientes.

La fase de la ira se da más aguda cuando es tu pareja la que ha roto contigo y no tú quien ha terminado la relación.

Ten cuidado con esta fase y trata de utilizar esa ira para seguir adelante en tu proceso de "desintoxicación" de tu relación. Muchas personas codependientes se quedan demasiado tiempo en esta etapa, hasta años después de la relación hablan con odio de su expareja o se siguen preguntando qué hará o qué sentirá. No olvides que tú eres lo principal, tu prioridad.

Ten cuidado porque es una etapa necesaria, tienes que sacar la ira, pero recuerda que tienes que llegar a la aceptación para salir del duelo. No te quedes buscando "apoyo" o aliados que te den la razón de que tu ex pareja ha sido mala contigo, va en contra de tu salud y libertad emocional.

Deja que los sentimientos salgan. Por ahora, expresa tu ira hacia todo aquello que te produce dolor. La ira aparece ante la frustración de sentirte atascada en una situación de dolor de la que crees no poder escapar. Llora si has de hacerlo.

Tienes derecho, no hay nadie que ahora te impida expresar tus verdaderos sentimientos. Date tú el derecho a sentir y que esa ira salga de ti. Ya trabajarás más adelante en aprender a tener buenos sentimientos. Primero deja salir todo tu dolor.

D) Depresión, tristeza

Sientes un gran agujero en tu interior, estás triste por ver que has perdido un proyecto de vida.

Recuerda que en un principio te he comentado que vas a pasar de una a otra etapa del duelo. Hasta que llegues a la última etapa, la aceptación. Un día sentirás ira, y el otro estarás muy triste, sin ganas de hacer nada. Al siguiente no te lo querrás creer. Es muy normal que pases de una etapa a otra. Es el proceso de tomar consciencia, de aceptar lo que has vivido, no es fácil, es muy doloroso.

Sientes que no puedes reaccionar, que estás bloqueado. Es normal. El dolor hace eso. Pero déjalo salir, no lo reprimas más. Te sientes triste. Te preguntas por qué te ha pasado a ti, no te lo merecías, creías que era el amor de tu vida, ... Tranquila, no tienes por qué tener una depresión clínica. Lo más normal es que sea una tristeza profunda, un llorar de tu alma. Déjala que llore, que salgan sus sentimientos de dolor. Para que el amor entre, para que te quieras, primero debes eliminar todo el dolor que sientes. Has de pasar por las etapas del duelo para poder entrar en la más importante: la de tu sanación.

E) Miedo

Cuando se termina una relación es muy normal sentir miedo. Cuando eres una persona codependiente crees que no puedes tener una vida por ti mismo, que no vas a poder salir adelante solo. Es normal que tengas días que te mueras de miedo. Déjalo que salga, pero créete si te digo que puedes con esta desorientación que sientes y que vas a lograr por fin ver todo lo que vales y deshacerte de los comportamientos codependientes que te han tenido atado a los demás toda tu vida haciendo que te olvidaras de ti.

Te enfrentas a una nueva vida, a algo desconocido, es normal sentir miedo. Por favor déjalo salir y que no te paralice.

F) Culpa

Es la fase de los "si hubiera, ...". Te culpas de que la relación haya terminado, de que no has hecho suficiente, de haber aguantado tanto, de haberte abandonado, ...

Te han hecho sentir culpa cuando no has satisfecho las necesidades de los demás, has aprendido a sentirte así. Pero vas a trabajar en deshacerte de esa culpa que no te corresponde.

G) Aceptación

No te preocupes por cuánto tiempo te lleva aceptar lo que has vivido y los comportamientos codependientes que te han mantenido atado a una pareja. No hay normas para ello. Cada persona es diferente, no te pongas tiempos.

La aceptación es la finalización de un proceso. Se da cuando puedes pensar o hablar de relación sin dolor y sin sentirte ansioso.

Cuando aceptas lo vivido, ya no tienes ganas de volver con tu ex pareja, y te sientes liberado y con fuerzas para seguir adelante en tu vida.

No te mantengas ocupado para no afrontar la realidad. Tómate un tiempo a solas, para sentir. Saca el dolor, que sabes te ha enfermado. Necesitas sacar el dolor para dejar entrar al amor. No niegues tus sentimientos, no los escondas. Date tiempo y espacio para llorar. No finjas más.

Cuando consigas aceptar lo vivido, tus heridas y tus respuestas a ellas comenzarán a sanar.

Al enfrentarte a una reflexión sincera sobre tus patrones vitales, acabarás encontrándote a ti misma, a ti mismo, descubriendo tu verdadero ser.

EJERCICIO 8

Trata de escribir sobre la etapa del duelo en la que te encuentras y plasmar los sentimientos que afloran en ti. Reconocerlos es fundamental. Es parte de autoconocimiento, autoanálisis para poder cambiar tus patrones viendo lo mucho que vales.

11. Desapego

Has visto que el apego es un estado de dependencia emocional hacia una persona (capítulo "Dependencia Emocional").

El primero en definirlo fue **el psicólogo John Bowlby**. Según él, **la conducta de apego tiene dos funciones** básicas: **una función biológica**, que es obtener protección para asegurar la supervivencia, **y la otra de carácter más psicológico**, la de adquirir seguridad.

Está claro que cuando nacemos dependemos de los demás para nuestra supervivencia y por eso el apego es tan importante. En la primera etapa de tu vida el apego te nutre, y emocionalmente te ayuda a salir al mundo de una manera más segura.

El problema es cuando los padres no ayudan al desapego natural y te quedas enganchado a necesitar a los demás par ver tu valor.

Como codependiente mantienes relaciones creyendo que tu pareja es imprescindible para tu vida, te apegas a tu pareja, y esto te hace sufrir a la larga, ya que dejas de ser libre.

Por eso es muy importante cuando rompes una relación que trabajes en el desapego, en aprender a vivir siendo feliz sin necesitar a esa persona.

El desapego es clave para tu bienestar, ya que te permite relacionarte con los demás de una manera más libre, dejando espacios para la individualidad. Te permite elegir una pareja sin necesitarla. Cuando consigues superar el apego, el amor deja de ser necesidad para ser solo amor.

"Desapego es aprender a amar, a apreciar lo que tenemos y a involucrarnos en las relaciones de una manera más sana y equilibrada"

Cuando superas tu adicción al valor externo, te desapegas, eres más feliz, ya que dejas de dar tu poder personal a los demás.

Vivir en libertad, en desapego supone no importante más lo que digan los demás para estar feliz, no necesitar constantemente estar en pareja, dejar de mirar lo que hacen otros para centrarte en ti y tomar tus propias decisiones en tu propio interés sin la necesidad de que los demás te admiren por lo que haces.

12. Adicción emocional

Como has visto la persona codependiente emocionalmente se caracteriza por la necesidad de estar con su pareja, pero sobre todo por la incapacidad de dejarla al sentir que no va a poder tener una vida plena sin ella. El codependiente necesita un tercero para encontrar su valor, necesita servir a los demás, y sigue repitiendo estos patrones desde su infancia de una manera inconsciente.

El subconsciente es rutinario, compulsivo, (eso que decimos que las cosas surgen en ti de manera automática o inconsciente) y actúa como un disco que se repite. Por eso has repetido comportamientos desde tu infancia y adolescencia, sin ser consciente de ellos.

De ahí la gran importancia de destapar tu subconsciente, descubrir los pensamientos que acuden a ti de manera automática para poder reprogramarte y empezar a creer en ti y ver todo lo que vales, para no necesitar de valoración externa y liberarte de ataduras emocionales que te hacen daño.

Solo eres consciente de alrededor del cinco por ciento de tu actividad cognitiva, lo que supone que el 95 por ciento de tu actividad diaria viene de tu subconsciente. (Bruce Lipton, biólogo celular estadounidense, conocido por su trabajo que nos demuestra que los genes y el ADN pueden ser manipulados por las creencias de una persona. Es autor del best seller "La biología de la creencia" y profesor visitante en el New Zealand College of Chiropractic).

Es de suma importancia hacer conscientes tus comportamientos codependientes y emociones limitantes para poder empezar a modificarlos, porque solo lo que llevas al plano de la consciencia puedes cambiar.

Cuando no puedes controlar una emoción es porque eres adicto a ella

La **adicción emocional** explica por qué te quedas atrapado en tus emociones. Si no puedes controlarlas, eres adicto a ellas. O mejor dicho, tu cuerpo es adicto a los químicos que producen tus emociones.

Sí me imagino que pensabas que la adicción solo se puede dar con algo externo, como con las drogas, las compras, el sexo, … y probablemente nunca te has cuestionado que puedas ser adicto a tus propias emociones. Es normal, se trata de una de las adicciones más desconocidas, pero es de las más dañinas, ya que es difícil de reconocer.

¿Cómo pueden las emociones ser adictivas?

Te preguntarás cómo algo dentro de ti que es natural puede ser adictivo.

En realidad, todas las adicciones están dentro de ti, en tu cerebro y cuerpo.

La **adicción** es una respuesta al placer intenso (o alivio) mediante el uso repetido de algún comportamiento, o la ingestión de alguna sustancia que alivia las molestias, más específicamente la ansiedad o el dolor.

En el caso de la adicción emocional, te "enganchas" a sentirte de una manera familiar y su costo es que vives a merced de los sentimientos provocados por las circunstancias y tus percepciones de estos eventos. Los sentimientos abrumadores trascienden otras respuestas cerebrales, y no puedes tomar decisiones sensatas, ya que reaccionas a los impulsos, no al raciocinio.

Vamos a ver la adicción emocional y cómo te impide tomar decisiones racionales con un ejemplo.

Has crecido creyendo y sintiendo que necesitabas a los demás para estar completo, que no podías hacer nada por ti mismo, que no eras lo suficiente, que necesitabas contentar a tus padres para que te quisieran...etc, y hoy sigues manteniendo esas emociones de ser menos, de tener baja estima, o de necesitar servir para que te quieran. Estas emociones son las que te hacen "engancharte" a las personas en busca de su validación.

Tu cerebro necesita más de esas emociones con las que has vivido, porque liberan tu ansiedad. Sigues sintiendo tristeza, culpa y baja estima. Esas emociones con las que has vivido vuelven a ti de manera inconsciente, las necesitas.

Aunque te cueste creerlo, te sigues sintiendo mal porque nos volvemos adictos a los químicos que segrega nuestro cuerpo cuando siente una emoción, sea esta buena o mala. Y sigues recreando las emociones negativas vividas a través de tus pensamientos. Esos pensamientos son los que hacen surgir tus emociones.

A pesar de que seas una persona con una vida independiente, incluso profesionalmente exitosa, tus emociones del pasado siguen acudiendo a ti, y para calmar la ansiedad que te producen, recurres a relaciones que te hacen sentir como te hicieron sentir en tu infancia, o te enganchas a actividades que te hieren como las compras compulsivas, el tabaco, alcohol, ...

La **adicción química emocional** explica por qué te quedas atrapada o atrapado en tus emociones, sean estas positivas o negativas. Y a la adicción de emociones positivas es donde necesitas llegar.

Candance Pert, neurobióloga, farmacóloga y escritora del Best Seller "Molecules of Emotions", explica que: "Los pensamientos generan un tipo de emociones; cada emoción que experimentamos, produce una química que circula por todo el cuerpo por medio de "neuropéptidos". Candance Pert llamó a estos neuropéptidos "moléculas de emoción". Cada célula se comunica con las demás y todo el cuerpo sabe lo que está pasando. Candance dice que nuestras emociones deciden "a qué vale la pena prestarle atención".

Cuando pensamos o interpretamos algo, incluso el autoconcepto de quiénes somos o cómo somos, ... el hipotálamo libera al torrente sanguíneo, un péptido que corresponde a nuestro estado emocional. Cada célula tiene receptores en su superficie que están abiertos a la recepción de estos neuropéptidos, así que todo el organismo es afectado por el estado emocional. Cuando los receptores de las células sufren un "bombardeo" constante de péptidos, pierden sensibilidad, y necesitan de más péptidos para estimularlos, esto nos torna adictos a los estados emocionales.

Cuando atravesamos experiencias emocionales repetidas, similares, que dan lugar al mismo tipo de respuesta emocional, nuestro organismo desarrolla la necesidad de este tipo de experiencias (adicción).

Te lo cuento de otra manera:

Si no puedes controlar tus emociones eres adicto a ellas. La adicción emocional se da cuando nuestro cuerpo se convierte en dependiente de las respuestas químicas que producen nuestras emociones. Tu cuerpo necesita repetir las mismas emociones con las que ha crecido y las hace surgir a través de los pensamientos. (Puede que ahora te cueste verlo, porque tienes que experimentarlo para totalmente comprender y ver cómo los pensamientos crean cómo te sientes. Más adelante vas a ponerte a ello con ejercicios).

Las **emociones** se suelen definir como un complejo estado afectivo, una reacción subjetiva que ocurre como resultado de cambios fisiológicos o **psicológicos** que influyen sobre el pensamiento y la conducta.

Las emociones nos impulsan a responder visceralmente. Las emociones evitan la lógica y las consideraciones, ya que permiten que nuestros instintos primitivos y sistemas de guía respondan con fuerza.

Lo malo es que las emociones pueden abrumar inapropiadamente la lógica e impedir que anticipes las consecuencias. La inundación de emociones te puede llevar a tener problemas e ignorar las consecuencias obvias y el aprendizaje adaptativo necesario.

Esto es lo que sucede con la adicción emocional. La carga de emociones que acuden a ti, esa ira o rabia, culpa, baja estima, ... te hacen perder la lógica. El dolor, la rabia, la humillación, inseguridad, miedo, ... acuden a ti cuando menos te lo esperas y son las responsables de que no salgas de la zona en la que te encuentras viviendo. No te dejan salir de los mismos comportamientos codependientes.

El Dr. Joe Dispenza, investigador de física cuántica y neurociencia explica que "el cerebro está hecho de pequeñas células nerviosas llamadas neuronas. Las neuronas tienen pequeñas ramas que se extienden y conectan con otras neuronas para formar lo que se conoce como una red neuronal.

En cada lugar donde se conectan se incuba un pensamiento o un recuerdo.

Fisiológicamente las células nerviosas se extienden y conectan entre sí".

Si algo se practica a diario y por tiempos prolongados las células nerviosas establecen una relación a largo plazo. Si te enfadas a diario, si te frustras, si sufres a diario, vas creando esa relación con otras células nerviosas que forman una identidad y se va formando el hábito o la adicción a esa emoción.

Cuando repetimos una acción constantemente las células van creando una memoria y es por eso que atraemos situaciones, deseadas o no, y pensamientos a nuestras vidas, para saciar el apetito bioquímico de las células y cubrir esa necesidad química.

El adicto siempre necesita un poco más de esta sensación o emoción para alcanzar el estado de euforia o la reacción química que busca.

El Dr. Dispenza dice que en realidad su definición de adicción es muy simple y lo que significa es que *si no puedes controlar tu estado emocional, eres adicto al mismo.*"

Digamos que cada vez que te han hecho creer que no eras suficiente, que eras miedoso, que necesitabas ayuda para conseguir las cosas, que tus emociones no son válidas... tú pensabas, no sirvo o te repetías lo que te decían sobre ti. Ese pensamiento negativo creaba una sensación de tristeza, ira, ... Has ido creando muchos péptidos de miedo, angustia, tristeza, ... Y ahora los "necesitas".

Con la repetición constante del mismo comportamiento, tu cerebro ahora necesita seguir sintiendo esas emociones que tanto se han repetido en tu vida. Tu cuerpo necesita más péptidos de ira, tristeza, inseguridad ... se ha vuelto adicto a la sustancia química que producen esas emociones.

Todo lo que hagas para combatir el miedo y todas tus emociones limitantes que te mantienen en conductas codependientes, tu cuerpo no los acepta, ya que necesita más emociones conocidas (esa adicción emocional).

Hasta que no lo racionalizas y enfrentas el pensamiento que lo produce, el miedo y las emociones negativas vuelven a ti. Por mucho que repitas pensamientos positivos o hagas otro tipo de terapia, los pensamientos hasta que no los enfrentas siguen acudiendo a ti cuando menos te lo esperas.

Necesitas tomar conciencia de ti mismo, de lo que sientes y piensas, para dejar a un lado los pensamientos que no te pertenecen, que están ahí porque te los han impuesto y solo te generan emociones limitantes. Solo así, podrás dejar aflorar tus verdaderos pensamientos y por tanto tus sinceras emociones.

Tu cuerpo ha tomado el control de tu cerebro. Es un fenómeno fisiológico que no puede controlarse "pensando". Hasta que no comiences a abordar las heridas internas y romper el ciclo de adicción a los péptidos, los químicos traumáticos del cuerpo no retrocederán ... al hacerlo, tu cerebro le seguirá de forma natural.

Ahora puedes comprender que al vivir habitualmente en cierto estado emocional y reaccionar habitualmente con un patrón emocional, reforzarás un vínculo cada vez mayor entre tu cuerpo y esa emoción en particular. Esto es, **al repetir comportamientos codependientes de manera inconsciente, refuerzas tu codependencia.** Al buscar que tu pareja te felicite, te diga que lo has hecho bien, etc, sigues reforzando en ti tu emoción de no ser suficiente por ti mismo. Ese bucle en el que te metes de manera inconsciente, te hace sentir frustrado, vacío,... y necesitando que los demás te reconozcan.

Queramos o no, somos adictos a los químicos y emociones que se producen en nuestro cerebro y cuerpo como reacción al entorno y a nuestros pensamientos.

Esos químicos afectan el estado de ánimo, las acciones, las creencias, las percepciones sensoriales e incluso lo que aprendemos, cualquier interrupción de ese nivel químico habitual nos provocará incomodidad y haremos todo lo posible consciente o inconscientemente para restablecerlo.

Por eso es tan importante que reviertas la química de tu cuerpo y dejes que tus pensamientos de verdad surjan. Y esto ¡lo puedes hacer! La ciencia está de tu lado, tu cerebro puede cambiar. Así nos los confirma la **neuroplasticidad**: capacidad del cerebro para adaptarse y cambiar como resultado de la conducta y la experiencia.

Puedes. Aunque ahora te parezca difícil puedes deshacerte de estas emociones negativas causadas por esos pensamientos que no te pertenecen, (esos no soy suficiente, no estoy seguro, no me quieren...) para tener una vida plena y saber realmente quien eres y no necesitar la validación de nadie más excepto la tuya. La plasticidad neural confirma que puedes cambiar esos pensamientos y controlar con ello tu destino. Porque no olvides que eres lo que crees ser, **tus pensamientos crean tus emociones y marcan tu vida.**

No te asustes creyendo que no vas a salir de la adicción a esos pensamientos que te paralizan y te han mantenido actuando necesitando valoración externa, codependiente. Lo vas a hacer, con tu trabajo personal lo vas a lograr.

Candance Pert y la neurología nos confirman la plasticidad del cerebro.

La plasticidad cerebral nos dice que **podemos "cambiar el cableado"**, reordenar las conexiones entre las células o redes neuronales (neuroplasticidad). La plasticidad del cerebro además nos confirma como también el cerebro puede producir nuevas células cerebrales (neurogénesis) **en cualquier edad de la vida**; estos son dos descubrimientos revolucionarios de la neurociencia.

La neurociencia está de tu lado puedes producir nuevas células cerebrales con nuevas emociones que te van a ayudar a tener la vida libre que realmente quieres y mereces sin importar tu edad.

Tomar consciencia de los pensamientos que te han venido lastimando y ver que no son ciertos, te va a dar espacio para conectar contigo y tus pensamientos propios. Esos que has tenido que guardar por considerar que no eran válidos, al haber asimilado que tenías que seguir lo que los demás esperaban de ti.

Nunca es tarde para dejar atrás la adicción emocional con todos esos pensamientos grabados a sangre en ti. Da igual la edad que tengas, la neurociencia dice que puedes, así que no te eches atrás pensando que es demasiado tarde para ti y que no merece la pena. Siempre es un buen momento para cambiar esas emociones y vivir plenamente y feliz controlando tu destino.

Nunca es tarde para descubrir tu Yo, conectar contigo con tus emociones y pensamientos. Siempre es el momento perfecto para sentir todo eso que has guardado en algún lugar dentro de ti. Es hora de ver quien eres, de ver todo lo que vales y todo el poder que llevas dentro de ti.

Ten preparado lápiz y papel o un documento en tu tablet u ordenador porque en la segunda parte del libro vas a empezar a trabajar ya no solo en reconocer esos pensamientos que generan tus emociones negativas y desencadenan comportamientos codependientes, sino en sustituirlos por los tuyos de verdad para poder estar más fuerte y tranquilo/a. Con tus verdaderos pensamientos vas a sentirte con fuerza, con poder. Porque eso es lo que eres una persona poderosa preparada para brillar.

II PARTE.
RECUPERA
TU IDENTIDAD

13. Acepta tu codependencia

La primera parte ha sido dura, reconocer lo que te pasa y por qué te pasa, es duro, hay que digerirlo. Pero es el primer paso necesario para tu cambio, para que aprendas a valorarte, a tener confianza en ti para que nunca más necesites que otros te valoren para sentirte bien y puedas tomar decisiones basadas en tu verdadera voluntad y necesidades, no en las de las demás. **Tu amor hacia ti no debe depender del reconocimiento de los demás ni de como se comporten contigo**, debes estar por encima de todo eso.

Trata de revisar lo que has ido apuntando durante los ejercicios propuestos en la primera parte. Reconoce en ti los comportamientos codependientes, porque solo podrás modificarlos si eres consciente de que los tienes.

Aceptar que eres codependiente, es la puerta para entrar en tu cerebro y reprogramarlo con las herramientas necesarias para tu libertad.

Tienes que dejar atrás el vivir en negación. No es fácil mirarse en el espejo y aceptarse, duele reconocerse. Pero tienes que hacerlo, tienes que aceptar tus comportamientos codependientes para empezar a ver toda tu valía y vivir sin estar condicionado a cómo actúan los demás, a ser libre y feliz.

Es normal que el dolor de la frustración por no ser tú realmente, haga que puedas ver el mal en los demás pero no tus errores. Negar la verdad, tu dependencia, ese aparentar que tu vida va bien, que tu familia está bien, que el trabajo va bien, ... cuando tú te sientes mal y sin saber quien eres, no te ayuda a salir del círculo. Por eso es fundamental aceptar la codependencia desde el cariño y no culpándote.

No olvides que es el comportamiento que te enseñaron y hasta ahora no has contado con las herramientas emocionales para salir de él. Así que con amor por favor hacia ti, acéptalo para avanzar a tu libertad.

Vas a ver primero las emociones que tienes como persona dependiente para tratar de averiguar cuáles son los pensamientos que hacen que afloren, para posteriormente poder modificar tu propia cognición. (lo que crees de ti).

13.1 Tu Ira

Te gusta ayudar a los demás, te hace sentir bien. Pero muchas veces terminas enfadado contigo mismo al hacerlo.

Aceptas ver la película que quiere tu pareja no la que tú quieres ver, permites que tu amiga se salga con la suya por no molestar, vas a la reunión del colegio porque eres el presidente de la asociación de padres por no haber podido decir "no", eres el primero en ofrecerte como voluntario en el trabajo para lo que pida el jefe .... podría darte miles de ejemplos en

los que has mostrado una sonrisa, pero luego te has dado la vuelta y has criticado a quien has ayudado, has hablado mal de los padres que no ayudan en la asociación del colegio donde tantas horas inviertes, de tu amiga que le da igual lo que a ti te guste, te ha enfadado que tu pareja escoja siempre qué ver en la TV, ... y lo peor, te has criticado a ti por haber sucumbido a los demás. Pero no te quejas, solo hablas de esto contigo mismo, te castigas. Te come el diálogo interno de rabia e insatisfacción porque los demás se salgan con la suya, pero a los demás les sonríes y eres amable con ellos.

Poner por delante de ti las necesidades de los demás y olvidarte de ti, te molesta, te hace sentir furioso, ... complacer destapa tu ira. A veces esa ira crece en ti como un terremoto con todas sus réplicas y hasta llega a estallar cuando menos lo esperas apareciendo como el loco o la desequilibrada de turno. ¿Me equivoco?, por favor sinceridad contigo, es necesaria para salir de este círculo de esclavitud en el que te encuentras.

Es muy importante que hagas consciente tu enfado. Conecta contigo, no niegues más lo que sientes. La negación no te permite sanar. No te sientas avergonzado por tu ira, es normal. De alguna manera tiene que salir tu dolor por no ser escuchado, por conformarte con lo que te dan y no con lo que tú quieres.

EJERCICIO 9

Anota qué sientes cuando cedes ante cosas, cuando no eres capaz de decir qué es lo que te gusta y te quedas con lo que te dicen los demás. Escribe cómo te sientes cuando te piden un favor y no te niegas a hacerlo cuando en realidad tienes cosas más importantes que hacer.

Es muy importante que reconozcas lo que te hace sentir cuando dejas de lado tus necesidades para satisfacer las de los demás. No escondas más tus sentimientos.

Este es un ejercicio para ti, así que por favor sé honesto. No te guardes ningún sentimiento, anótalos todos. Y trata de escribir al lado de cada sentimiento lo que crees que genera ese enfado. Trata de anotar qué es lo que piensas cuando la ira aflora en ti. Puede ser "no soy lo suficiente", "no me quiere", "no soy bueno", "no merezco" ... trata de averiguar qué piensas cuando ese enfado surge en ti.

La codependencia genera amargura, angustia, enojo y culpabilidad irracional y el resultado del amor debe ser la paz y la alegría. La codependencia aparenta ser amor, pero en realidad es miedo, es un amor con condiciones. "Te amo si cambias", "si no haces lo que te digo, te recrimino, me siento tu víctima". Y a veces en esa búsqueda de amor, el codependiente admite abusos bajando cada vez más su autoestima y necesitando con ello cada vez más reconocimiento ajeno. Y cuanto más víctima te ves (te tratan mal), más se hunde tu estima, más crece tu miedo.

Tu comportamiento depende de cómo reaccionan los demás y eso te deja atado a ellos, dependiendo siempre de otros. Por eso **es fundamental que encuentres tu valor, quien eres en realidad y seas libre por fin**.

13.2 Baja autoestima

La autoestima refleja lo que crees sobre ti. Es como una autovaloración.

Cuando tienes alta autoestima, tu percepción de tu propio valor no varía con lo que los demás opinan de ti, no está sujeta a las valoraciones de los demás.

Pero **cuando eres codependiente basas tu valor, tu autoestima en factores externos o los demás**. Esto es, consideras que vales si los demás te lo confirman, o si tienes un estatus o una profesión de éxito, o eres muy bueno en algo. Las cosas externas son las que te aportan valor.

No confundas nunca el éxito con la autoestima. Hay muchas personas exitosas en sus trabajos, y con mucho dinero, que no se consideran así mismos y siguen dependiendo de la admiración de los demás. (la admiración de los demás por su éxito es lo que les hace sentir bien, no se sienten bien por algo intrínseco a ellos).

Cuando tu autoestima es baja tiendes a ser muy crítico contigo mismo, y tratas siempre de buscar tus errores en lugar de tus virtudes. Además te deja muy vulnerable a lo que las demás personas opinen de ti. Tanto que tu estado de ánimo depende de cómo una persona te trate en un momento dado.

Con una baja autoestima, no aceptas halagos, te hacen sentir incómodo, porque crees que no los mereces. Una autoestima baja te hace ser crítico ya no contigo, sino también con los demás.

Cuando creces con una baja autoestima (la autoestima comienza a tomar forma durante la infancia), tu felicidad queda a merced de los demás y así es muy difícil llegar a la felicidad.

Pero por favor no te asustes. Ahora estás reconociendo tus comportamientos codependientes para trabajar en ellos. Aceptar es duro, pero el paso valiente hacia tu libertad.

EJERCICIO 10
En tu cuaderno, anota lo que crees sobre ti. Tata de acordarte de situaciones donde te has sentido bien porque otra persona te haya halagado, o anota cuando te has venido abajo porque han criticado algo que tú has hecho. ¿Ves como la opinión de los demás afecta tus emociones?

Vas a empezar a creer en ti, a ver que todo lo que has creído sobre ti hasta ahora no es verdad. Avanza un poco más.

13.3 Necesidad de agradar

Otra de las emociones que como codependiente está arraigada en ti, es la necesidad de agradar a los demás.

Ser una persona complaciente con los demás es parte de la forma de ser de todo codependiente. Algo aprendido en la infancia, donde de niño aprendes a agradar a los padres para recibir su atención.

La inconsistencia emocional de los padres es lo que hace que las personas sean complacientes. El niño, sin saber de qué otra manera asegurar y mantener el amor y la conexión con sus padres, hace todo lo que puede para ganarse el amor de estos, tratando solo de agradar, dejando sus necesidades de lado. Termina adoptando los valores de sus padres, atendiendo sus peticiones para recibir "amor" y apoyo.

Los niños dejan de explorar sobre quienes son, interesándose mas por aprender sobre lo que los padres quieren que sean. Muchas veces se vuelven perfeccionistas casi obsesivos, creyendo que esa perfección es la que va a hacer que sus padres les quieran. ¿Es tu caso?

Cuando creces en una familia disfuncional, para asegurarte el amor de tus padres te transformas en un ser amable creyendo que eso es lo que hará que tus padres te amen. Te vuelves complaciente. Y esta manera de actuar es la que continúas en tu vida adulta, buscando siempre complacer a los demás para poder agradar y con ello ser feliz.

13.4 Necesidad de afecto

La dependencia emocional transforma el deseo en necesidad.

El afecto es una necesidad básica humana, pero cuando "lo necesitas para vivir y sentirte pleno" se convierte en algo tóxico.

Como dependiente emocional albergas una carencia afectiva y por ello te anulas a ti mismo y, aun siendo consciente de tu infelicidad, te entregas completamente a relaciones de pareja destructivas. Te "enganchas" al afecto, necesitas que te quieran por encima de todas las cosas.

La necesidad de que los demás te amen es tan grande, que te olvidas de ti mismo y pasas por alto comportamientos no aceptables de otras personas a cambio de recibir algo de cariño. Cuando sentirse amado por tu pareja se convierte en algo vital, no lo puedes controlar, es entonces cuando eres adicto al afecto.

EJERCICIO 11
Observa en ti estas actitudes o comportamientos indicativos de la necesidad imperativa de afecto. Reconocer tus comportamientos, cómo te atas a la otra persona y cómo te frustras cuando no responde como tú te habías propuesto (no ha cumplido tus expectativas), la ira aflora en ti.

Anota como y cuando esto ha ocurrido. Trata de averiguar qué es lo que has sentido y pensado cuando tu pareja se ha alejado de ti cuando tú "solo querías estar con ella". Es importante que reconozcas los pensamientos que acuden a ti cuando esto ocurre. Ver tus emociones y pensamientos hará que puedas modificarlos, ya que si no los reconoces no podrás cambiarlos.

La adicción al amor, esa necesidad de afecto imperiosa puede ser destructiva

En una pareja siempre hay cierto nivel de dependencia uno del otro, pero esa dependencia al amor o afecto es destructiva cuando hay elementos de falta de autoestima y miedo al rechazo.

En una relación sana, hay seguridad y confianza en uno mismo. Te gusta recibir la atención de tu pareja y que esté pendiente de ti, pero no es necesario que te sientas aceptado o amado todo el tiempo.

Es normal necesitar a las personas que queremos. Pero no debemos refugiarnos en esa necesidad y convertirla en dependencia.

13.5 Inseguridad

La inseguridad en ti mismo hace que sientas la necesidad de protección por parte de otras personas.

Cuando has crecido sin poder tener confianza en ti mismo y no has desarrollado tu autoconocimiento, no reconoces tu valor y te sientes inseguro al no saber bien quien eres. Las personas codependientes tienen una infancia y adolescencia donde se ven obligados a dejar sus necesidades e intereses de lado, su propio ser, para atender a sus padres, y esto crea gran inseguridad al crecer, ya que no te reconoces como persona. Lo malo es que tu falta de confianza en ti mismo, propicia un papel de sumisión ante las relaciones.

13.6 Dificultad para reconocerte

Has crecido sin poder tener límites, sin que te dejaran explorar quien eres en realidad.

La codependencia como has visto surge en la infancia por esa falta de validación de tu ser, de quien eres en realidad. Digamos tus padres no te han ayudado a descubrir quien eres en realidad, cuáles son tus gustos, tus habilidades. Han decidido por ti, y en la edad adulta necesitas que otras personas tomen decisiones por ti porque no sabes muy bien quien eres.

Te has visto obligado a guardar tu ser para satisfacer las necesidades de tus padres y eso te ha dejado sin poder desarrollar tu verdadera personalidad.

Por eso es muy importante este proceso de sanación, de recuperación de identidad, para que puedas encontrar tu esencia, ver tu valor y poder tomar las decisiones adecuadas, para que nadie mas que tú, decida en tu vida.

13.7 Miedo

El miedo al abandono es algo muy característico de las personas codependientes.

Muchos codependientes crecen en familias caóticas o "disfuncionales" donde fueron maltratados emocionalmente (o hasta físicamente). Por ejemplo, te ignoran, te critican duramente, te llaman con apodos despectivos, te gritan o no satisfacen tus necesidades emocionales. Y como resultado, los codependientes tienden a temer el rechazo y las críticas, a no ser lo suficientemente buenos, al fracaso.

Las situaciones y las personas que desencadenan estos miedos pueden aumentar la ansiedad de los codependientes. Y desafortunadamente, los codependientes a menudo están en relaciones con personas que activan estos miedos al ser rechazados, críticos, controladores con ellos.

Las personas codependientes sienten gran miedo al rechazo o al abandono, a sentirse impotentes o a no ser escuchadas o respetadas. Y sentirse emocionalmente amenazado por el miedo, activa la ansiedad.

EJERCICIO 12
Tomate el tiempo de escribir qué situaciones te producen miedo, o te hacen estar extremadamente ansioso. Más tarde vas a trabajar en ello.

13.8 Culpa

La codependencia por lo general se construye desarrollando sentimientos de culpa en el niño. Haciendo sentir culpables a los hijos cuando no hacen lo que los padres les piden, los niños llegan a una edad adulta con un sentimiento de culpa muy desarrollado.

La culpa es una pesada carga que te hace sufrir. A veces supone un peso tan grande de llevar, que culpas a otros de tus males para aliviar tu dolor.

La culpa es parte de tu distorsión cognitiva, interpretación errónea de la realidad (en el siguiente punto sobre las secuelas de la codependencia vas a ver más en profundidad de qué se trata).

Sentirse culpable, es un sentimiento que se deriva de la creencia de que no has cumplido con lo que los otros esperaban de ti, o de creer que los comentarios negativos que te lanzan deben ser ciertos.

Cuando tu pareja te dice "bebo porque me pones nervioso", o tus padres te querían solo cuando eras obediente, o te han hecho creer que debes cuidarles, ... el mensaje que recibes es de que debes sentirte mal y responsable por no cumplir sus necesidades.

La culpa en el Codependiente está siempre presente en la relación de pareja, impidiéndole poder poner límites claros y firmes, con lo que permite humillaciones, descalificaciones, anulaciones, groserías, llegando inclusive hasta la violencia física.

Pero déjame decirte que no eres culpable, sino que has aprendido a sentirte culpable.

La culpa es parte de tu conciencia. Su propósito es mantenerte dentro de unos límites. Si estás contemplando hacer algo mal, tu conciencia te enviará una pequeña punzada de culpabilidad para que pruebes lo que obtendrás si sigues adelante y lo haces. Si continúas y lo haces de todos modos, tu conciencia te envía más culpa para castigarte y para motivarte a arreglar lo que sea que hayas dañado con tu acto.

La culpa con la que te han hecho vivir si no cumplías con las necesidades de los demás, la han instaurado en ti, solo para que siguieras sus pautas y no las tuyas propias.

Pero déjame decirte que esa culpabilidad que sientes, es culpabilidad tóxica: esto es tu sentimiento de culpa no proviene del verdadero mal hacer, sino que proviene de la manipulación de tu conciencia. No estás cometiendo ningún error en absoluto, pero lo crees porque es lo que te han hecho creer. No eres culpable de haber hecho nada malo, sino que te han hecho creer que lo has hecho. Entender esto es fundamental para que dejes de sentir esa culpa que te taladra. La culpa es una forma de controlarte. Tú no has hecho nada malo, pero te lo ha hecho creer. Con tu sentimiento de culpa han conseguido que hicieras lo que los demás querían, no permitiendo que conectaras contigo.

El problema viene de que has internalizado la culpa tanto que ahora tu propia psique, te sigue haciendo sentir culpable. El sentimiento de culpa te gana. (adicción emocional).

Estás atrapado, encerrada como entre dos fuerzas, que cada una tira para un lado: una es tu sentido de obligación con los demás (la culpa), frente a la otra, tu anhelo por la libertad de trazar tu propia vida. Te sientes ansioso, insegura, pero no sabes por qué (la ansiedad viene por lo que eres y lo que realmente quieres ser). Sin saber cómo, la culpa vuelve a ti y te controla. Pero como el sentimiento de culpa no te gusta, haces lo que sea necesario para no sentirla, aunque signifique olvidarte de ti, cumpliendo los mandatos de los demás.

EJERCICIO 13

La culpa hace que seas la eterna fuente que cubre las necesidades de los demás, porque para no sentirle haces lo que te piden los demás aunque eso suponga no atenderte a ti.

Para eliminar ese sentimiento de ti debes racionalizarlo. Trata de escribir en que momentos te sientes culpable, cuáles son las situaciones que despiertan tu sentimiento de culpa. Y si puedes vete un poco más allá, trata de averiguar qué piensas para sentirte culpable.

Anótalo en tu cuaderno que enseguida vas a trabajar con esto. Puedes encontrar tu identidad y eliminar esas falsas creencias que tienes sobre ti.

13.9 Incapacidad para establecer límites saludables

Una de las consecuencias de haber crecido en una familia disfuncional donde te han hecho atender las necesidades de tus padres antes que las tuyas, es que no te han enseñado a establecer unos límites sanos. Digamos que no los has tenido, de ningún tipo, ya que tus padres tenían derecho a opinar por ti, a entrar en tu habitación a su antojo, a escoger tus actividades escolares e incluso hasta los amigos.

Cuando creces viendo esto, aprendes a normalizar que los demás invadan tu espacio. Crees que no tener límites es lo normal, y el no tenerlos es lo que hace que las relaciones que mantienes en tu vida, bien sean de pareja, amigos, jefes, … sean intrusivas.

Creces sin saber decir no, y de adulto sigues repitiendo tu comportamiento aprendido. Esto hace que las personas con las que te encuentras en tu vida puedan manipularte fácilmente. Pero sentirte manipulado te hace sentir mal, no valorado, acrecentando tu falta de amor propio.

Por eso es tan importante trabajar en establecer límites a lo cual te guio mas adelante en el libro, para que puedas romper ese círculo vicioso de sentirte cada vez peor por atender a los otros por no permitirte ser tu prioridad.

13.10 Vivir en negación

Las personas codependientes aprenden a vivir negando sus sentimientos.

A menudo tienen dificultades para notar, valorar y expresar sus sentimientos. Aprenden en la infancia que solo ciertos sentimientos son aceptables (por ejemplo, los codependientes con frecuencia aprenden a que la ira está mal) o que nadie está interesado en sus sentimientos (no importan). Crecen sin reconocer sus sentimientos y creyendo que no tienen valor. Por ello tienden a reprimir o negar sus sentimientos, y esto puede causar serios problemas, al desconectar emocionalmente de sí mismos.

Cuando se reprimen sentimientos, estos se quedan atrapados en el cuerpo. Es por eso que antes de reconocer los sentimientos te percatas de tu ansiedad y los síntomas físicos que acarrea. La ansiedad se manifiesta en el cuerpo en forma de estrés, tensión o problemas de salud.

Vivir negando quien eres hace también que niegues lo que vives, tu vacío. Esta manera de protegerte (aceptar el dolor es demasiado doloroso) hace que se te dificulte salir del círculo de la codependencia.

Es normal que de manera inconsciente te quieras proteger de lo que sientes, pero no aceptar la verdad de lo que sucede en tu vida, aunque al principio es un mecanismo de defensa durante tu infancia y adolescencia para no sufrir la angustia de no ser valorado por lo que eres, con el tiempo se vuelve en contra tuyo. Cuanto más tiempo niegues lo que sientes más te costará dejar atrás los mecanismos codependientes, y cada día los reforzarás más actuando con otras personas de manera sumisa.

Es fundamental que empieces a ver los sentimientos que tienes ahora, de donde y como han surgido, aceptar es el primer paso hacia tu libertad y amor propio.

13.11 Buscas la felicidad externa

Cuando aprendes a vivir negándote, sin reconocerte tratas de cubrir el vacío que sientes por no poder conectar contigo no solo buscando tu valor en el reconocimiento de los demás, sino que sueles también buscar la felicidad fuera y no dentro de ti. Esto es, buscas tu felicidad en una carrera exitosa, en un estatus, a través de tus hijos, tu negocio, tu grupo de amigos, ... los demás y las cosas, son los que te dan la felicidad.

No has aprendido a sentirte feliz por ti mismo, por tus logros y valía, sino que tu felicidad ha venido determinada por lo que los demás opinan o valoran en ti. Por eso un estatus alto, o un éxito profesional, o unos hijos con buenas calificaciones o en buena situación laboral, son el reconocimiento externo que a ti te hace feliz.

Ahora debes de empezar a trabajar en tu felicidad interna, a resolver tus problemas internos, tu miedo, tu no ver todo lo que vales, para poder ser realmente feliz.

14. Secuelas de la codependencia

Vivir siendo quien no eres, atender a los demás negándote a ti, deja secuelas en ti que debes reconocer para poder sanar.

La codependencia es un mal crónico con síntomas perdurables en el tiempo. Por eso has de conocer qué es lo que te ocurre, qué secuelas ha dejado en ti eso de no conectar contigo para atender a los demás. Es necesario para poder cambiar reconocer lo que una vida como codependiente te ha marcado para que puedas conectar con la maravillosa persona que eres.

14.1 Ansiedad

La ansiedad de nuestras vidas nace por un desequilibrio entre lo que somos y lo que realmente queremos o deberíamos ser.

La ansiedad te avisa de que algo no va bien en ti en tu sistema psíquico. Es como el dolor del cuerpo. Cuando nos duele algo, el dolor nos avisa de que algo va mal en nuestro cuerpo. La ansiedad hace lo mismo con nuestro sistema psíquico, nos avisa que algo está mal.

En las personas codependientes la ansiedad surge como consecuencia de la contradicción entre quienes somos realmente, y quienes nos han encaminado a ser. **Digamos es un grito de nuestro sistema a la incomodidad por ceder nuestras necesidades ante las de los demás.**

Los síntomas de ansiedad pueden variar de ser emocionales o psicológicos, a físicos. Aunque la ansiedad es de naturaleza principalmente psicológica, sus síntomas pueden también manifestarse de manera física. Estos síntomas pueden alterar nuestra capacidad de estar bien.

Síntomas de la ansiedad más comunes (nota, los síntomas están sacados de la clínica de la ansiedad):

❏ **Pensamientos temerosos:** estos pensamientos temerosos hacen que dejemos de hacer muchas cosas del día a día, pudiendo incapacitarnos gravemente. Vivimos con miedo y el miedo es muy limitante. ¿Cuántas cosas has dejado de hacer en tu vida por miedo?

❏ **Problemas con la alimentación:** A menudo la ansiedad hace que las personas pierdan el apetito o este sea desmedido e incontrolable. Esto puede generar otros problemas tales como disminución en el nivel de energía, pérdida de peso, fatigarse fácilmente, y también problemas digestivos como náuseas y dolores de estómago.

❏ **Síntomas físicos:** Síntomas físicos relacionados con la respiración incluyen dificultad para respirar, hiperventilación, asfixia u opresión en el pecho. Síntomas físicos relacionados con el corazón incluyen aumento del ritmo cardíaco, palpitaciones, dolor en el pecho. Otros síntomas físicos incluyen sudoración, temblores, hormigueo en los dedos de los pies y los dedos de las manos, y a veces el cuero cabelludo; manos frías y sudorosas, dolor de estómago, dolor de cabeza, debilidad, y sequedad de boca.

❑ **Síntomas emocionales.** Tener altos niveles de ansiedad puede hacer que la gente esté de muy mal humor. También puede causar mucho estrés e irritabilidad. Además, las personas pueden mostrar signos de retraimiento a causa de la ansiedad. Preocupación constante, así como estar distraído, comerse las uñas, llorar, consumo de alcohol o abusar del uso de pastillas para dormir, y evitar el contacto visual también se incluyen en estos síntomas.

❑ **De conducta:** Estado de alerta e hipervigilancia, bloqueos, torpeza o dificultad para actuar, impulsividad, inquietud motora, dificultad para estarse quieto y en reposo. Estos síntomas vienen acompañados de cambios en la expresividad corporal y el lenguaje corporal: posturas cerradas, rigidez, movimientos torpes de manos y brazos tensión de las mandíbulas, cambios en la voz, expresión facial de asombro, duda o crispación, etc.

❑ **Intelectuales o cognitivos:** Dificultades de atención, concentración y memoria, aumento de los despistes y descuidos, preocupación excesiva, expectativas negativas, pensamientos distorsionados, incremento de las dudas y la sensación de confusión, tendencia a recordar sobre cosas desagradables por encima de las agradables, sobrevalorar pequeños detalles desfavorables, ...

❑ **Sociales:** Irritabilidad, ensimismamiento, dificultades para iniciar o seguir una conversación, bloquearse o quedarse en blanco a la hora de preguntar o responder, dificultades para expresar las propias opiniones o hacer valer los propios derechos, temor excesivo a posibles conflictos, etc. Si pensabas que tienes mala memoria, buenas noticias tu memoria no tiene ningún problema es la ansiedad la que te bloquea.

Las personas codependientes viven en estado permanente de ansiedad. La lucha contra la lacra de la ansiedad es dura. A pesar de ello, se pueden superar estos síntomas y vivir sin ansiedad, sin ataduras. Cuando reconoces cómo se generan tus heridas, las afrontas y entiendes que tu cuerpo es adicto a esas emociones, incluida la ansiedad puedes empezar a vivir libre de todas esas limitaciones.

EJERCICIO 14

¿Has ido identificando las secuelas de la ansiedad en ti? Escribe sobre tus pensamientos temerosos, si tienes problemas de alimentación escríbelo en tu bloc. Anota si sufres de opresión en el pecho, sudoración, ... si vives preocupada por todo. Si tienes dificultad de concentración. Describe todo aquello que te produce ansiedad, recuerda que esta primera parte es para identificar tus heridas. Trata de identificar qué situaciones y qué pensamientos te producen ansiedad. Luego trabajaremos en sanarte. Ahora se trata de saber qué es lo que tienes para poder enfrentarlo.

14.2 Depresión

Otra secuela muy común por haber crecido como persona codependiente es la depresión.

Es esa sensación de vivir con un agujero interior con miedo de caer al abismo.

Como no se te ha permitido reconocerte en la persona que realmente eres, el dolor ha creado en ti una tristeza crónica.

No tienes por qué tener una depresión clínica. Lo más normal es que sea una tristeza profunda, un llorar de tu alma.

Te notas abatido, sin demasiadas ganas de hacer nada, con pocas ganas de hablar con los demás, estás irritable, te cuesta dormir y hasta quizá hayas perdido el apetito.

Son síntomas que una persona codependiente desarrolla por vivir guardando en el fondo de sí misma quien es realmente, y vivir como otros establecen. Ese dolor del alma por no ser quienes debiéramos ser.

La probabilidad de aparición de un trastorno depresivo mayor se estableció entre 10 y 25 veces más alta entre codependientes que en la población que no lo es. Sanathara, Gardner, Prescott y Kendler (2003), en un estudio realizado con 7174 participantes, aplicaron la prueba Interpersonal Dependence Inventory para determinar la dependencia interpersonal, y el SCID para evaluar la depresión mayor, y encontraron una fuerte asociación entre las dos problemáticas.

EJERCICIO 15

¿En algún grado crees tener síntomas de depresión? No te avergüences por tener días que no tienes ganas de nada o te cuesta luchar para seguir adelante. Es normal. Estás aquí para superar eso y encontrar tu felicidad.

14.3 Hiperfrenia

La hiperfrenia es un trastorno cuantitativo de la estructura de la conciencia en el que existe un nivel aumentado de la atención y de la alerta, junto con una exaltación de la esfera sensorial, motora, cognitiva y afectiva.

El sujeto que lo padece suele manifestar hiperprosexias en la que el nivel de atención es mucho mayor de lo que sería habitual y se enfoca con frecuencia en cualquier estímulo y detalle del contexto que lo rodea. La hiperprosexia característica hará que le sea difícil concentrarse en una estimulación concreta, lo que dificulta el rendimiento propio del sujeto en su vida laboral o académica.

Un estado de hipervigilancia es una respuesta natural a una situación o amenaza peligrosa. Has tenido que vivir siempre pendiente de cómo respondían los demás y eso es lo que ha hecho que vivas en estado de alerta, donde tranquilizarte resulta difícil.

La hipervigilancia hace que estés alerta del medio ambiente en el que te encuentras en busca siempre de posibles amenazas. Para saber si sufres de hipervigilancia, te dejo algunos síntomas comunes:

- Te cuesta concentrarte.

- Tienes dificultad para quedarte dormida.

- La ira y el enfado salen de ti con facilidad.

- Te sobresaltas con mucha facilidad.

- Vives en "guardia" por si hay peligros.

- Sobre reaccionas ante los ruidos y las muchedumbres.

- Una necesidad excesiva de orden.

- Una necesidad excesiva de hacerlo todo perfecto.

- Aumento de frecuencia cardíaca.

- Debido al alto nivel de energía al que te "sometes" es posible que puedan surgir debilidad, disminución del sistema inmune o incluso problemas orgánicos como por ejemplo cardíacos, respiratorios, endocrinos o musculares.

- Diferentes tipos de fobias.

- Irritabilidad.

- Aumento de la presión arterial.

- Fluctuación de estados de ánimo.

- Ataques de pánico.

Has aprendido a vivir en estado de plena hipervigilancia analizando todo lo que dices y haces o lo que los demás dicen y hacen. Has crecido no fiándote de ti, de tus emociones. Esto es debido a que has tenido que dejar de lado tus necesidades y emociones de lado para satisfacer las de tus padres. (has crecido haciendo lo que ellos querían, sin escucharte a ti con lo que querías o sentías).

Eres hipersensible a cualquier sensación percibida de traición o abandono, lo que garantiza la apertura de viejas heridas parentales de la infancia (es decir, experiencias infantiles de pérdida de la autoestima, orgullo o vergüenza).

EJERCICIO 16

¿Sientes a veces que vives alerta, que te cuesta concentrarte en tus cosas porque estás demasiado pendiente de lo que ocurre a tu alrededor?

Es muy normal cuando has estado pendiente de como reaccionaban los demás. Has aprendido a observar tanto a como responden los demás que te has olvidado de ti. Apunta por favor como te sientes, qué piensas cuando te reconoces en estado de hipervigilancia.

14.4 Anhedonia. Incapacidad de sentir placer

¿Alguna vez te has parado a pensar que no eres capaz de disfrutar de las cosas buenas que te ofrece la vida?

Has negado tus deseos, esperanzas, sueños, aspiraciones, necesidades materiales, sexuales y psicológicas, elecciones, preferencias, valores, y mucho más. Te has negado a ti mismo, para satisfacer las necesidades de otros. Para lograr su aprobación, has atendido sus necesidades y no las tuyas. Tanto sentimiento reprimido ha hecho que no seas capaz de disfrutar y sentir placer.

A la incapacidad para disfrutar de las cosas agradables, sentir placer, así como la pérdida del interés por las cosas se le llama **Anhedonia**.

Las personas que experimentan **anhedonia** presentan una sensación profunda de apatía y desgana. Es un síntoma central del trastorno depresivo mayor. Hay dos tipos principales de anhedonia:

1. La **anhedonia social**, falta de interés por el contacto social y la falta de placer en las situaciones sociales; y

2. La **anhedonia física** es la incapacidad de sentir placeres táctiles tales como comer, tocar, o el sexo.

Síntomas característicos de la anhedonia:

❏ Pérdida de interés por todas o casi todas las actividades del día a día.

❏ Pérdida o aumento significativo de peso.

❏ Cambio en los patrones de sueño: insomnio o exceso de sueño.

❏ Sensaciones físicas inquietud, agitación o una sensación de "enlentecimiento".

❏ Fatiga o pérdida de energía casi a diario.

❏ Sentimientos de inutilidad o culpa sin fundamento.

❏ Incapacidad para concentrarse, dificultad para pensar y tomar decisiones.

❏ Pensamientos repetidos de muerte o suicidio.

❏ Retiro social y dificultades de adaptación a las distintas situaciones sociales.

❏ Sentimientos negativos hacia uno mismo y los demás.

❏ Reducción de la expresión emocional, incluyendo el tener menos expresiones verbales y no verbales.

❏ Tendencia a mostrar emociones falsas, pretendiendo mostrar felicidad cuando no se siente.

❏ Pérdida de la libido o la falta de interés en la intimidad física.

❏ Problemas físicos persistentes o trastornos psicosomáticos.

Algunas personas que padecen anhedonia son incapaces de experimentar placer y disfrute en ninguna circunstancia, mientras, en otros casos, el problema se reduce a aspectos concretos, como el apetito por la comida, las relaciones sexuales, las relaciones sociales o las actividades de ocio.

De cualquier forma, existen grados, por lo que hay quienes sufren una incapacidad total de disfrutar y obtener placer y otros solo un descenso en dicha capacidad.

El término "anhedonia" fue descrito, por primera vez, por el psicólogo francés Ribot en 1986, cuando publicó su libro sobre la psicología de los sentimientos.

¿Quiénes padecen de anhedonia?
Padecen de anhedonia personas con enfermedades como la esquizofrenia y los adictos a las drogas durante la abstinencia de las mismas. Pero la situación más frecuente es la anhedonia que se da en la depresión.

Cuando una persona sufre una depresión profunda, nada le motiva ni le alegra o le hace disfrutar. La anhedonia de la depresión aparece, más frecuentemente, tras situaciones estresantes, como es el caso de los abusos psicológicos.

Después de esta descripción de la anhedonia, espero entiendas que tu apatía para muchas cosas en la vida, es una de las secuelas de no haber podido ser tú y que vas a trabajar en ella para poder superarlo. Recuerda que entender, y conocer es el primer paso hacia tu recuperación.

EJERCICIO 17

Crees que en alguna medida te cuesta disfrutar de las cosas buenas que te ofrece la vida. Te cuesta aceptar que los demás te quieran, te abracen, ... porque crees que no mereces sentir cosas buenas. ¿Sientes que te cuesta disfrutar?

14.5 Distorsión cognitiva

Si te encuentras en constante duda, culpa y confusión, eres víctima de los errores en el pensamiento. Las críticas recibidas, la no validación de tu persona han podido crear errores en tu pensamiento.

Haber crecido sin que se respetaran tus límites, sin que se consideraran tus opiniones y siendo juzgado han hecho que vivieras en estrés habiéndote llevado a sufrir distorsión cognitiva.

¿Qué es la Distorsión Cognitiva?
Es una interpretación errónea de la realidad que lleva al individuo a percibir el mundo de manera poco objetiva además de disfuncional. Se presenta en manera de pensamientos "automáticos" y desencadena emociones negativas dando lugar a conductas no deseadas.

A su vez estas conductas no deseadas o disfuncionales, refuerzan los esquemas cognitivos que las crearon. Lo que hace que la persona que sufre la distorsión, entre en un bucle difícil de salir, ya que la dinámica se autoalimenta e incluso intensifica.

Las distorsiones cognitivas son formas distorsionadas de ver y pensar acerca de la realidad.

Siempre son negativas y suceden automáticamente.

Cuando ignoran tus necesidades, eres criticado e invalidado y tus límites son constantemente invadidos, inconscientemente te mandan el mensaje de que no eres importante y que tu visión de la vida no es válida. Esto hace que te cueste ver el mundo tal como es.

Vamos a ver los ejemplos más comunes de distorsión cognitiva (aunque hay identificadas 50 tipos según Alice Boyes, Ph.D.):

Sobregeneralización

Aplicas el resultado de un evento aislado a todas las áreas de tu vida. Por ejemplo si se hay un ejercicio de matemáticas que te ha salido mal, entonces tú crees que cualquier cosa que te propongas de matemáticas lo harás mal.

Catastrofismo

Siempre anticipas lo peor en cada escenario y creas consecuencias en tu mente que son completamente irrazonables. Por ejemplo, si recibes una llamada de un número que no reconoces, supones que es alguien que llama para informarte que ha habido un accidente horrible o que vas a perder tu trabajo. Siempre esperas lo peor.

Comparación

Tienes tendencia a compararte con los demás de manera que llegas a la conclusión de que eres mucho peor que los demás. Ejemplo: "A pesar de que estudio no consigo sacar mejores notas que mis compañeros". "Me esfuerzo, pero siempre le dan los mejores trabajos a mis compañeros".

Te tomas todo personalmente

Piensas que los demás están en contra de ti. Piensas que las persona te juzgan en exceso, que tú eres el bicho que no encaja en los lugares.

Construcción de tu valía personal basándote en opiniones externas

Se da cuando mantienes una valía personal en función de terceros. Estás tan acostumbrado a necesitar la aprobación de los demás para hacer cualquier cosa, que no crees en ti mismo.

No eres capaz de tomar una decisión sin la aprobación de un tercero. Necesitas preguntar a tu pareja si te compras algo tan simple como un pantalón, o si cocinas algo necesitas saber si a los demás les gusta. Necesitas constante aprobación por parte de los otros.

Te centras en los "debería" o "tengo que".

Las personas dependientes emocionalmente justifican sus necesidades afectivas de acuerdo a los "deberías" relacionados con el amor romántico, y generan un procesamiento de información con predominio de control, que les garantiza acceder rápidamente a su pareja.

"Los debería", son creencias rígidas e inflexibles acerca de cómo deberían ser los demás. Son las expectativas o demandas internas sobre las capacidades de otros, pero sin analizar si son razonables en el contexto en el que se piensan.

"Debería haberles dado otra oportunidad" o "Debo descubrir por qué están actuando de esta manera para poder cambiar mi comportamiento". Estos pensamientos pueden provocar sentimientos de culpa o vergüenza.

Las afirmaciones "debería" se usan generalmente en referencia a cómo otras personas deberían actuar. Estos pensamientos pueden ser algo así como: "Debería haber respondido antes cuando le envíe un mensaje de texto" o "Debería agradecerme por todas las veces que la ayudé".

Tales pensamientos pueden llevarte a sentir decepción e indignación cuando otros no cumplen con tus expectativas específicas.

Las personas dependientes emocionalmente basan sus necesidades afectivas de acuerdo a los "deberías" de estándares ideales del amor romántico, lo que los lleva a exigir de su pareja una atención constante, la cual generalmente no logran completamente, ocasionando en ellos una sensación constante de fracaso (Castelló, 2005), así como la aceptación de múltiples comportamientos de control por parte del dependiente, para tratar de contrarrestar la sensación de vacío constante.

Adivinación

Se trata de pronosticar un resultado negativo, una emoción o un acontecimiento futuro y creer esas predicciones como verdaderas. Ejemplo: "Estoy segura de que lo voy a hacer mal". Con esta afirmación, esperas que las cosas salgan mal, sin permitirte la posibilidad de que sean neutras o positivas. Lo peor es que muchas veces tú misma haces que las cosas salgan mal al predisponerte para el resultado negativo.

También adivinas el pensamiento, crees saber lo que piensan los demás y por qué se comportan de la forma que lo hacen. "Lo que quiere es ponerme nerviosa", "quiere reírse de mí", "Siente pena por mí" o "está conmigo por pena". Creer estas cosas hace que actúes de tal manera que la gente se separe de ti y tus pensamientos terminen siendo ciertos.

Etiquetado

Cuando una persona se etiqueta a una misma o a otros de forma peyorativa. Es otra forma errónea de pensamiento. Ejemplo: "Soy una inútil". También etiquetas a los demás sin darles una oportunidad de conocerles.

Razonamiento emocional

Cuando las opiniones sobre uno mismo son formadas basándose solo en las emociones que experimenta el sujeto. Crees que tus emociones reflejan como son las cosas, lo que sientes emocionalmente lo sientes como cierto. Cómo te sientes incompetente, crees que eres incompetente, como te sientes de poco valor crees que no lo tienes.

Pensamiento polarizado

El pensamiento polarizado consiste en valorar los acontecimientos de forma extrema, sin tener en cuenta los aspectos intermedios. O es blanco o es negro. Por ejemplo, llamas a una amiga y le dejas un mensaje. Si ella no te responde de inmediato, comenzarás a creer que nunca estará allí para ti, que no es realmente tu amiga. "Siempre hago todo mal" "nunca nadie me escucha". No aceptas el camino del medio.

Las distorsiones cognitivas juegan un papel importante en el mantenimiento de la codependencia.

Cuando vives con distorsión cognitiva, tus procesos cognitivos no actúan en forma independiente, sino que operan al servicio de los intereses, necesidades y propósitos de las personas. Por lo tanto, reconocer tus distorsiones cognitivas te va a ayudar a que comprendas cómo te mantienes actuando en los esquemas de dependencia emocional.

EJERCICIO 18

¿Identificas estas formas de ver la realidad? ¿Has ido apuntando según veías las diferentes maneras que puedes tener de alterar tu realidad? ¿Eres catastrofista? Necesitas que los demás te digan lo que vales si no, no crees en ti. ¿Eres de las personas que ve las cosas blancas o negras? Ver una realidad que no es, es una secuela de haber crecido con comportamientos y pensamientos codepencientes.

La buena noticia es que puedes trabajar en cambiar esta versión de la realidad y descubrir la verdad, tu verdadero yo.

Ten a mano lo que has ido anotando en la primera parte del libro. Es hora de que trabajes en tus comportamientos codependientes, en que veas de donde surgen para poder reprogramarte con tus propias creencias. Porque nunca has de olvidar que eres lo que crees ser, el problema es que lo que has venido creyendo es lo que te ha hecho una persona codependiente.

Ponte a trabajar con lápiz y papel, o documento en tu ordenador, porque empiezas el camino más bello que hayas recorrido, el camino hacia tu encuentro.

15. Recupera tu identidad

Has podido leer en la primera parte cómo ha surgido tu codependencia. Esa falta de valoración te ha llevado hasta ahora a buscar tu valor en los demás. Reconocerlo y aceptarlo es duro, pero es el primer escalón hacia ver la maravillosa persona que te encuentras todos los días frente al espejo.

No te dejaron desarrollar tu propia identidad. No dejándote expresar tus emociones, no permitiéndote cubrir tus necesidades, aprendiste a negarlas, y así sigues en piloto automático. Ya es hora que permitas que salgan de ti, que las reconozcas y las abraces, que seas tú sin necesidad de que nadie más que tú, te diga lo que sientes o si lo que vas a hacer está bien o mal.

Es un trabajo el que tienes que comenzar ahora. Llevas una vida encerrando tus verdaderos sentimientos, y los pensamientos que grabaron en ti, se siguen repitiendo sin que los hayas podido parar. Pero es hora de que ese vinilo en tu cerebro deje de girar. Está en tus manos librarte de esa adicción emocional, de reconocer tus emociones a través de tu verdad, de tus propios pensamientos. Solo así te vas a librar de las cadenas de la codependencia, de complacer a los demás y atender sus necesidades antes que las tuyas.

No olvides que mereces escucharte, atenderte y ser tu prioridad. Esto no es ser egoísta como han tratado de hacerte creer, sino una necesidad para tu felicidad.

Sé que sigues pensando que lo que te digo es muy egoísta, que a ti te gusta dar y atender a los demás. Pero te voy a poner un ejemplo para que veas que **TÚ debes ser siempre tu prioridad.**

Cuando viajas en avión y en la pantalla te empiezan a explicar cómo usar las mascarillas en caso de emergencia, te dicen que te pongas primero tú la máscara para luego poder ponérselo a otros (haciendo referencia o mostrando niños). Si tú no puedes respirar no puedes ayudar a tus hijos, ni a nadie en una situación de peligro.

Este ejemplo es el que siempre tengo en mi mente y recomiendo que tú también lo tengas.

Si no te ayudas no puedes ayudar a otros.

Ayudas porque tratas de agradar, de que te reconozcan, es parte de tu codependencia. Pero déjame decirte que no puedes dar lo que no tienes, no puedes dar amor si no lo tienes hacia ti. Lo que das, lo que ayudas, está sujeto a la condición de recibir algo a cambio (reconocimiento, amor, validación, ...), y eso, permíteme que te diga no es generosidad, sino anteponer tu necesidad de recibir gratitud y reconocimiento a las necesidades de los demás.

Es duro lo que estás leyendo, pero reconocerlo, además de un acto de una gran valentía, es tu libertad y la puerta a encontrar quien eres en realidad, a descubrir cuál es tu identidad.

Para ayudarte a saber quien eres en realidad, para eliminar de ti esos pensamientos que no te corresponden, pero que has hecho tuyos, (los has internalizado y te los repites sin parar de manera inconsciente), te voy a dejar el Método RAN© en el siguiente punto. Te va a guiar para descubrir tus emociones limitantes, encontrar los pensamientos que las producen y reprogramarte con tus propios pensamientos y creencias.

Jamás olvides que eres quien crees ser, solo necesitas permitirte creer quien realmente eres y eliminar de tu sistema tus creencias limitantes.

16. Método RAN©

Desentrañar las causas de tus heridas y tender al necesario cambio psíquico estructural es necesario para poder vivir una vida plena, en la que tus traumas no te devuelvan al pasado.

Hasta ahora has leído sobre cómo ha surgido en ti la codependencia, y cómo te atas, o necesitas una pareja.

Recuerda que no ha sido culpa tuya necesitar a nadie hasta el punto de sujetarte a una relación tortuosa. Has caído ahí por los comportamientos codependientes aprendidos en tu infancia que ahora tienes que revertir viendo todo lo que vales.

En ningún momento de este camino olvides la maravillosa persona que eres, recuérdatelo cada día. Por mi parte te lo seguiré recordando hasta que seas capaz de gritar al mundo tú sola o solo lo que vales. Eres un valiente que va a enfrentarse a sus fantasmas, a sus heridas y va a dejar atrás los comportamientos codependientes que te dejan en posición de desventaja a la hora de establecer relaciones.

Entender cómo te has convertido en codependiente y las secuelas o consecuencias de ello, alivia por un lado, pero también produce miedo y hasta dolor. La verdad alivia pero es dura.

Habías normalizado comportamientos que te han mantenido en tu codependencia y ahora al entender, te sientes confundido y hasta con rabia. No te tortures por favor. Hasta ahora no contabas con las herramientas suficientes para salir de ese círculo oscuro y ver todo lo que vales.

Ya es hora que dejes de culparte por todo en esta vida. Has tomado consciencia de cada cicatriz de tu alma. Conocer la verdad ha hecho que entres en un periodo de duelo, donde tus sentimientos están a flor de piel, y te sientes dolido, culpable y confundido.

Como especuló Freud, la mayoría de los componentes emocionales se ponen en marcha de manera no consciente. Esto es, tus miedos, tu ansiedad, inseguridad ... se "activan" en ti de manera inconsciente, sin tú proponértelo.(lo que has leído en la primera parte sobre la adicción emocional). Por eso tienes que llevar al plano de la conciencia tus emociones, analizarte. Tienes que hacer conscientes los pensamientos que producen tus emociones.

Hacer consciente lo inconsciente es lo que te va a ayudar a poder cambiarlo. Para lograrlo te dejo el Método RAN ©, que es un método que **se basa en autocuestionarse para conocerse y poder así encontrar quienes somos en realidad**.

Gracias al Método RAN © vas a poder identificar tus emociones, miedos y creencias que tanto dolor te causan y que se vienen repitiendo en ti de manera automática. Vas a poder hacerlas conscientes y modificarlas, porque no puedes cambiar aquello de lo que no eres consciente.

Identificar tus emociones y pensamientos actuales y cambiarlos por los tuyos de verdad, crea un cambio en tu yo anterior que estaba viviendo constantemente los resultados de la impotencia, la inutilidad y la victimización, transformándolos en tu verdadero YO. Con ello tu autoestima, lo que piensas de ti cambia y desaparecen todas tus emociones limitantes, esos miedos que te paralizan o hacen tener comportamientos dependientes. Descubrir tu identidad, hacer crecer tu autoestima, esa visión positiva de ti, es lo que necesitas para no necesitar la valoración de los demás.

Así que vamos a empezar a encontrar a ese maravilloso ser. De ahora en adelante vas a empezar a trabajar en reconocer los pensamientos que han grabado en ti para poder desecharlos y sustituirlos por los tuyos propios, vas a poder conocerte, pero para ello primero debes de ver la persona que has creado, la persona que ahora ves en el espejo, pero que no eres tú.

Cuando consigues llegar a tu Yo de verdad, al que nunca has permitido ser, tu estado emocional, mental y hasta de salud cambia. Es cuando empiezas a estar empoderado y ser por fin feliz.

Como has leído antes, tus emociones vienen creadas por tus pensamientos. Estos pensamientos que se repiten de manera automática en ti son los que crean tu ansiedad, inseguridad, miedo, alegría, … Por eso para empezar a cambiar esa química negativa en ti y lograr conectar con tú yo de verdad y con tus verdaderas emociones debes empezar reconociendo qué es lo que piensas para sentir esa determinada emoción y aplicar a ese pensamiento todos los pasos que aquí te dejo.

A. Reconocer el pensamiento

B. Cuestionar el pensamiento

C. Analizar cómo te sentirías si tu pensamiento no fuera verdad

D. Tómate el tiempo de saber que hubieras sentido con ese pensamiento, ¿hubieras reaccionado de una manera diferente?

E. Invertir tu pensamiento y disfrutar de la nueva emoción

Ten a mano lo que has anotado en los demás ejercicios. Has escrito sobre las emociones que acuden a ti cuando descubres tus comportamientos codependientes, y sobre los pensamientos que tienes cuando sientes esas emociones como la ira. Es muy importante que anotes los comportamientos codependientes que has descubierto en ti y que escribas al lado cómo te hacen sentir.

Tranquilo vamos a verlo paso por paso.

A. Reconocer e identificar tus pensamientos y emociones

Debes observar cada día cuando te pones mal, triste, irascible, depresivo, te sientes sin fuerzas, o que no eres suficiente. Tienes que descubrir cuál es el detonante de tus pensamientos negativos. No olvides que las emociones vienen a ti de manera automática (la química). Y la única manera de conseguir que estos pensamientos dejen de acudir a ti, es invirtiendo el proceso químico de tu cuerpo.

Lleva tiempo, pero lo vas a conseguir. Recuerda que se trata de hacer consciente lo inconsciente, de racionalizar tus pensamientos para poder modificarlos. Una vez que has entendido por qué sigues generando pensamientos negativos, los necesitas, has de pasar a racionalizarlos para poder modificarlos.

Esto lo vas a hacer en un proceso de cinco pasos. No te saltes ningún paso con ningún pensamiento para que sea efectivo. No hay atajos para el autoencuentro, o toma de conciencia. Es cuestión de trabajo personal.

En este proceso te vas a conocer mejor que nunca porque debes observar cada emoción tuya y cada pensamiento en tu mente. Es importante saber qué piensas cuando las sensaciones negativas acuden a ti para que no te paralicen más.

Cuando "pesques" el pensamiento negativo que hace que te sientas mal, has de hacer lo siguiente paso por paso. Por favor es muy importante, hazlo cada vez que te des cuenta de que un pensamiento que te daña esté en ti. (utiliza los anotados en los ejercicios anteriores también).

Puede que en un principio te cueste darte cuenta de tus pensamientos negativos y que lo hagas una vez la emoción te haya invadido (es lo primero que reconoces, tu estado anímico). Empezarás identificando la emoción primero, tu angustia, tristeza, baja estima ... para posteriormente analizar qué has pensado para sentirte así. La práctica es lo que va a hacer que mejores y cada vez identifiques tus pensamientos de manera más sencilla.

Un buen ejercicio para ayudarte a reconocer tus emociones y pensamientos, es que antes de acostarte, repases mentalmente tu día. Eso sí, siempre tu cuaderno al lado. El momento de tranquilidad y soledad escógelo tú. Para algunas personas funciona la noche para otras mejor temprano por la mañana. Lo importante es que repases tu día, sepas ver cómo te has sentido, y anotes cuándo no te has sentido bien. Entonces pregúntate a ti mismo qué es lo que te ha hecho sentir mal.

Puede haber sido simplemente el comentario de otra persona, o una simple mirada. Pero al final el/la responsable de que ese comentario te haya puesto mal eres tú. Lo habrás traducido a un pensamiento negativo, y automáticamente te habrás sentido ansioso, triste, enfadado, que no sirves... Se trata de que aprendas a reconocer los pensamientos que generan tus emociones.

Llegará el momento en el que te darás cuenta de tu emoción en el momento, y más tarde verás el pensamiento que la produjo. Cada vez el proceso será más rápido en tu mente y serás capaz de reconocer el pensamiento "maldito" que te hace sentir mal en el momento en el que se produce y trabajar en modifcarlo en ese instante, hasta lograr que no acuda más a ti. Ese es el momento al que tienes que llegar, al momento en el que la adicción emocional, a los condicionamientos con los que has vivido desaparezca.

Recuerda analizar cada sentimiento y cada pensamiento que creó esa emoción, porque debes de parar e invertir la química de los pensamientos actuales. Lleva trabajo y solo tú puedes hacerlo. Solo localizando los pensamientos presentes, sabiendo cuáles son, podrás trabajar en cambiarlos.

**No basta con repetir pensamientos positivos
si no eliminas previamente los que
llevas grabados en ti.**

No olvides el fin de tomarte tanto trabajo. Se trata de parar la química que hace que sigas en ese pozo para que puedas por fin encontrar todo tu valor. Así que aunque te cueste, por favor hazlo, anota cada emoción y trata de localizar el pensamiento que la dispara.

Es muy importante que seas consciente de los pensamientos que provocan tus emociones negativas, porque solo bajo la consciencia de que los tienes puedes empezar a aplicar el proceso de reestructuración cognitiva, para cambiarlos y con ello cambiar la química, para que tu cuerpo solo atraiga sensaciones que te producen alegría y felicidad y puedas encontrar la persona estupenda que realmente eres.

¿Y qué hacer con un pensamiento que te produce una mala emoción y sentimiento? Vamos a verlo.

Cada vez que identifiques un pensamiento, haz lo siguiente:

- Pregúntate si ese pensamiento es verdad

- Piensa cómo te sentirías si ese pensamiento no fuera verdad

- Cómo te hubieras sentido y reaccionado si ese pensamiento no fuera verdad

- Invierte tu pensamiento (el sentido del mismo)

B. ¿Tu pensamiento es verdad?

Quien no se cuestiona nada en esta vida no aprende ni avanza. Así que tú debes cuestionar cada uno de tus pensamientos.

Con cada pensamiento que identifiques que no te hace sentir bien debes cuestionarte si ese pensamiento es verdad. (recuerda retomar los que has apuntado durante los ejercicios de la primera parte). Al principio se te hará raro, pero una vez más, es cuestión de práctica.

Has crecido y vivido pensando que tus pensamientos son verdad, ¿pero estás seguro/a si realmente lo son? Ponte a prueba.

Por ejemplo: esta mañana has reaccionado con ansiedad en el pecho y sintiéndote que no vales porque una amiga ha hecho un comentario que tú has tomado como una amenaza.

Automáticamente has pensado "algo he hecho mal, ya no me van a invitar más a tomar café con ellas, no les gusto". Ahora has de preguntarte si realmente has hecho algo mal. Estás segura, o simplemente lo crees. Por qué piensas que no les gustas. Estás seguro de que es así. Qué motivos tienes para creer eso.

¿Estás realmente segura o seguro de que lo que piensas es verdad? Si es así, date una explicación que justifque claramente que es así. Y esa explicación, por favor cuestiónala también. ¿Hay algo de cierto en esos pensamientos que te han generado angustia?

Es importante que veas que los pensamientos que te generan algunas emociones de manera automática, no son verdad, ya que solo así podrás cambiarlos. Para ello, para buscar la verdad, debes cuestionar y razonar cada pensamiento que acude a ti. Pregúntate de manera sincera si los pensamientos que tienes son ciertos y por qué lo son o no lo son.

Por favor no trates de hacerte daño y de no creer en ti. Sinceridad. No tienes que justifcarte ante nadie solo te respondes a ti. Atrévete a ver la verdad por favor, lo mereces. Y no busques ningún "pero" a la verdad. No estés tentado a quedarte con lo negativo, date la oportunidad de sentir, de que la verdad salga, que tu corazón hable por favor.

Si eres capaz de parar y analizar cada pensamiento te vas a dar cuenta de que no hay razón que justifque tus pensamientos negativos. Simplemente son las creencias con las que has vivido, nada más. No hay nada que justifque ni demuestre tu poca valía, tu miedo, tu culpa, ... Son los pensamientos que se han grabado en tu mente. Así que por favor, ya es hora de que cambies de gafas, las limpies para que veas solo la verdad.

Todas esas creencias que han seguido repitiéndose en ti hasta hoy, no son pensamientos ciertos. Te has aferrado a ellos para seguir obteniendo más péptidos de tristeza, ansiedad, culpa, poca valía. Pero míralos objetivamente. ¿Puedes demostrar que no vales?, …

NO y un absoluto NO. No hay manera de demostrar todas estas cosas porque no son ciertas. No trates de añadir "peros". Sé que lo haces porque te cuesta creer la verdad. No hay manera de demostrar que estas barbaridades que te han hecho creer sean ciertas. Eres un ser grande, bello, permítete conectar contigo.

Añado una cosa muy importante para que puedas reconocer la verdad, los pensamientos que son ciertos jamás envían señales malas a tu cuerpo. Esto es, la verdad no hace que te pongas nervioso, o las manos suden, te paralices, …

No estamos acostumbrados a atender a nuestro cuerpo, pero de ahora en adelante fíjate en lo que te transmite. Si algo te produce ansiedad, sudoración te tiemblas, pones rojo, la rabia se enciende en ti, es porque estás teniendo un pensamiento que te hace daño. Y créeme, tus pensamientos de verdad jamás te producen emociones negativas. Solo paz y tranquilidad. Empieza a observar tu cuerpo, nunca te miente.

Hecho ese inciso, hazte la pregunta de si tus pensamientos son ciertos por activa y por pasiva y siempre date una respuesta justificada. No dejes que la primera respuesta que viene a tu mente te pueda. Esa es la que tu cuerpo atrae. Respira, sé sincero/a contigo y siente la verdad.

Cuando experimentas la verdad tu cuerpo no reacciona mal, al revés, se relaja y se siente bien. Escucha a tu cuerpo, a tu corazón. Nunca se equivocan. La verdad no te permite sentir estrés ni ansiedad, la verdad te trae paz.

Solo razonando que los pensamientos que acuden a ti para destrozarte no son ciertos podrás empezar a no repetirlos. Recuerda que se trata de hacer consciente lo inconsciente, ya que solo puedes modificar aquello que llevas al plano de la consciencia.

Permítete cuestionar los paradigmas con los que has vivido durante tantos años y te darás cuenta de que el "eco" de los pensamientos que te han grabado a lo largo de tu vida, era lo que no te permitía escuchar tu propia voz interior. No la ahogues más, déjala salir. Deja que la verdad aflore. Solo con la verdad vas a ser capaz de ver quién eres en realidad y sacar todo tu potencial, vas a poder empoderarte. Permítete sentir la verdad.

C. ¿Si tus pensamientos no fueran verdad, cómo te sentirías?

Tu cerebro está todo el tiempo activo, los pensamientos vienen a ti, no te puedes esconder de ellos incluso cuando tratas de hacer cosas para no pensar. Mantenerte activo no sirve para escapar de ellos. Aparentar que estás bien, tampoco los desvanece.

Es importante que los empieces a identificar y saber cuando acuden a ti. Qué situaciones los despiertan y las emociones que te producen. Has visto que los pensamientos crean emociones en ti, que hacen que tu cuerpo necesite más de esas emociones.

Hasta ahora has creído en tus pensamientos, y como eran negativos estos han generado emociones negativas en ti. La química en tu cuerpo los ha multiplicado porque te has vuelto adicta/o a ellos. El cuerpo te pide más péptidos de miedo, ansiedad, inseguridad, ira, vacío, ... Y automáticamente ciertas situaciones en la vida te generan los mismos pensamientos negativos que a su vez te ocasionan más sensaciones de miedo, angustia, ... Un círculo del cual no puedes salir.

Pero has visto que tus pensamientos no son ciertos. Incluso has razonado que no lo son. Ahora debes empezar a cambiar la química en tu cuerpo. ¡Puedes!! Eres fuerte. Sigue luchando.

Ahora toca el siguiente paso a aplicar a tus pensamientos:

¿Qué sientes cuando sabes que tus pensamientos no son ciertos?

Respiras, el gesto de tu cara cambia y te relajas. Los sentimientos negativos desaparecen y aparece la luz en tu cuerpo. Sientes paz, tranquilidad. No más miedo ni inseguridad. Eres capaz desde la calma afrontar situaciones de conflicto, resolver problemas, y con ello sentirte más seguro.

Es bueno sentir esto ¿verdad? Felicítate. Porque has comenzado a invertir el proceso químico de las emociones. Has permitido que tu cuerpo sienta sensaciones positivas, y si sigues practicando cada día sentirás más y más sensaciones positivas, hasta que llegue el punto en el que tu cuerpo sea lo único que quiera. Te volverás adicto a las emociones buenas.

No seas incrédula/o. Hazlo. La química manda, no olvides que hasta ahora ha gobernado tu cuerpo y tus pensamientos.

Cuando empiezas a liberar emociones positivas, generas nuevos péptidos en tu cuerpo. Al principio tendrás que trabajar mucho en crear estas nuevas emociones, ya que le resultan extrañas a tu cuerpo, y éste seguirá buscando los péptidos de las emociones negativas. (al igual que en cualquier otra adicción tu cuerpo va a seguir buscando más sustancias químicas de las que está acostumbrado).

Pero sigue peleando. ¿no lo has hecho siempre? Un poco más, te queda poco para ser libre de la química negativa de tu cuerpo que te hace caer en comportamientos codependientes.

D. ¿Cómo te hubieras sentido y cómo hubieras reaccionado sin ese pensamiento?

Cuando sabes que tus pensamientos no son verdad, automáticamente experimentas una sensación de tranquilidad, te sientes bien, en paz.

Por un momento piensa cómo te hubieras sentido si frente a una situación dada de angustia no hubieras sentido congoja. Qué hubieras hecho. ¿Hubieras reaccionado de una forma diferente?

Las sensaciones negativas como el miedo, la culpa, la ansiedad, la inseguridad, la baja estima ... limitan. Lo negativo te paraliza, y cuando reaccionas así ante situaciones de la vida muchas veces te pierdes de hacer cosas o haces cosas que no son buenas para ti, pero te producen alivio. Es ese autosabotaje del que tienes que huir.

Ese miedo, culpa, ira, ... que tu cuerpo necesita, hace que ante situaciones en la vida crees pensamientos negativos que generan esas sensaciones que tu cuerpo necesita. Lo que ocurre es que estas sensaciones negativas te hacen actuar de una manera muy diferente a si no las sintieras. Te impiden hacer cosas o te hacen actuar mal: como que vayas a un examen sabiendo toda la materia y cinco minutos antes del examen te marees o pierdas el autobús para llegar a no hacerlo; o te hacen hacer cosas para aliviar esa ansiedad, como encender un cigarro, salir a comprar, comerte una tableta de chocolate entera, o gritar a tus seres queridos... Todavía no sé de nadie que sus sensaciones negativas le inviten a salir a hacer deporte. ¿Por qué? Porque el deporte te generará química buena, y tu cuerpo necesita más de la mala, es adicto a ella.

Piensa cuántas veces en la vida tus pensamientos negativos te han paralizado, siendo tú solo el que has creado la situación negativa que los genera. De manera automática, la idea y pensamiento reforzado de "no valgo", "no lo voy a conseguir", ... ha acudido a ti, te has paralizado, te has angustiado, y esto ha hecho que refuerces tus pensamientos negativos de que no vales.

¿Ves en el bucle que te metes tú solo? Por eso, debes afrontar cada pensamiento, cada emoción, y luchar para revertirlos. Porque tú solo tienes el poder de hacerlo. Tu cerebro ahora lo controlas tú.

La manera de empezar a revertir estos pensamientos no ciertos y las emociones que te generan, es empezar a sentir cómo hubieras estado sin esos pensamientos tan castigadores en tu cerebro.

Ahora las cadenas, las heridas, te las pones tú. Sí, tu madre/padre, tu pareja, amigo, profesor, ... te enseñaron a sentir miedo, angustia, baja estima, ... pero ahora has entendido que es tu cuerpo el que necesita esas emociones. También has visto que puedes revertir el proceso químico en él. Hazlo. Cuesta. Necesitas de un esfuerzo y trabajo diario, pero merece la pena. Ahora tus pensamientos los controlas tú.

Permite que solo entre a tu cerebro la verdad. Date la oportunidad de conocerte, de ver quién eres, para así ver lo que realmente vales y de lo que eres capaz.

Aprecia cómo las emociones positivas son contagiosas, cómo tu vida se vuelve más fácil generando emociones positivas. Tu química positiva va a hacer que la vida te sea más fácil. Estás entrando en la espiral positiva de los pensamientos y emociones. Tus heridas empiezan a desvanecerse, no las necesitas más. Sacar toda esta negatividad de tu cerebro te permite conectar con tu Yo de verdad y apreciar quién eres en realidad, aumenta tu autoestima y con ello no necesitas de ninguna validación externa.

Tómate el trabajo diario de anotar tus emociones y de descubrir los pensamientos que las producen. Anota al lado de cada pensamiento cómo te hizo reaccionar dicho pensamiento. Añade cómo hubieras podido reaccionar sin ese pensamiento negativo. No hubieras encendido un cigarro, no te hubieras estresado y sacado tu ira, no hubieras dudado, te hubieras atrevido... Siéntelo. ¿No es maravillosa la sensación de no sentir presión, miedo o angustia?

Te sientes mejor solo de experimentar cómo te hubieras sentido sin los pensamientos negativos. Recuerda que el cerebro no distingue si la sensación positiva está ocurriendo ahora, o solo la has sentido. Lo importante es que tu cuerpo sienta emociones positivas para que necesite más y más de ellas.

Permite que tu cuerpo se rinda ante los nuevos péptidos de alegría, paz, tranquilidad, confanza, valor, ... que estás creando.

Solo así, lograrás "echar" a los péptidos negativos que te han acompañado toda tu vida. Una vez la química haya hecho su trabajo, no necesitarás nada para encontrarte bien. Será "tu estado natural".

Al lado de cada uno de los pensamientos que te atormentan y que has ido apuntando en tu cuaderno, anota como te hubieras sentido si ese pensamiento no fuera verdad, y disfruta de la emoción que da el no tenerlos. Escribe esa emoción maravillosa también. Es muy importante que hagas hincapié en esta nueva emoción.

Disfruta la sensación de no sentir culpa, ni miedo, ni baja estima, ... de no tener emociones que te limiten. Siente cómo tu cuerpo reacciona ante las sensaciones de valor, seguridad, amor propio.

Por último, ese pensamiento que has localizado, reviértelo. Lee cómo en el siguiente punto del método.

E. Inversión de tus pensamientos

Para que las buenas emociones se queden contigo y tu cuerpo se vuelva adicto a ellas te queda una cosa más para hacer con tus pensamientos. Debes invertirlos.

La inversión se trata de ver la realidad, no la realidad que tú te has repetido durante tu vida.

Signifca que limpies las lentes con las que miras la vida y no la veas más empañada.

Cada vez que identifques un pensamiento, lo cuestiones, veas que se siente si no fuera cierto, y sientas qué hubieras hecho sin él, luego debes invertirlo. Si lo inviertes, la verdad va a aparecer y te va a hacer sentir bien. Tus emociones pasarán a ser buenas y entrarás en el círculo de la química positiva. No lo podrás parar.

Cada vez que sientes una presión en tu pecho piensas "lo he hecho mal, no me quiere, no soy lo sufciente buena, no sirvo ...". Después de ver que estos pensamientos no tienen ninguna lógica ni razón de ser, has sentido cómo te encontrarías si no sintieras las sensaciones negativas que te producen esos pensamientos.

Ahora tienes que dar un paso más, tienes que revertirlos "lo he hecho bien", "me quiere" "soy lo sufcientemente buena/o", "lo voy a conseguir", "no hay nada que me impida hacerlo" ... Disfruta de lo que sientes. Inspira la nueva emoción. La química empieza a trabajar de nuevo en ti, pero esta vez, para ayudarte a salir del abismo en el que te encuentras.

Vas a empezar a notar la diferencia en ti, casi sin esfuerzo. Vas a sentir que tus miedos no vuelven más a ti ante situaciones que te generan estrés. Porque tu cuerpo ya no va a querer más pensamientos negativos. Va a necesitar sensaciones buenas y para ello tú no vas a autosabotearte, ni culpabilizarte, ni sentirte insegura/o, o dudar de ti. ¡¡¡VALES!!!

¿Por qué? Porque todos los pensamientos que generaban esas emociones no son ciertos y no volverán más a ti. Tu cuerpo ya no los necesita. No necesitas crear más péptidos de miedo, angustia, vacío, ... Sin esas emociones negativas tan poco tienes comportamientos negativos y sobre todo **no necesitas buscar la validación en los demás porque eres capaz de verla y sentirla en ti.** La espiral empieza a girar hacia arriba. ¿Lo ves? ¿Pero sobre todo, lo sientes?

Cuando comprendes que tus pensamientos embutidos en tu cerebro no son la verdad, y que solo te han traído malestar, empieza a modifcarlos. (aplica los cinco pasos).

Es importante que recuerdes que tu malestar es un aviso de tus pensamientos erróneos. Tus emociones negativas están gritándote que estás confundida/o en tus pensamientos. Tu cuerpo con sus dolores, te está diciendo que esos pensamientos no son tuyos.

Sin esas sensaciones negativas, no vas a tener límites para conseguir todo aquello que te propongas; no vas a dudar más de si lo estás haciendo bien en tu negocio o en tu vida privada. No vas a cuestionar tu valor, ... Vas a ver todo lo que vales y quien eres en realidad. Vas a abrir la caja de Pandora y te vas a maravillar de todo lo bueno que llevas dentro: TU YO VERDADERO.

De ahora en adelante cada vez que estas emociones de vacío acudan a ti, párate, analiza el pensamiento que las creó y aplícale los pasos que has visto: ¿es verdad lo que piensas?; ¿Cómo te sentirías si no lo fuera?; ¿qué hubieras sido capaz de hacer sin ese pensamiento? Invierte el pensamiento y disfruta de la sensación.

Cuestiona cada uno de tus pensamientos, es la única forma que tienes de avanzar, crecer como persona y ver el gran cambio en ti. Cuando tu mente esté sana, libre de esos pensamientos que te hacen daño y que no son verdad, no sufrirás más. Tus heridas no se reabrirán más, porque no estarás adicta/o a las emociones negativas, no los necesitarás más y podrás ver claro qué es lo que te mueve en esta vida, podrás ver realmente quien eres y sacar todo el poder que llevas dentro. Tus verdaderos pensamientos llenan tu vacío emocional y la necesidad de buscar validación, de necesitar a los demás desaparece porque eres capaz de verte.

Cambia tus pensamientos para poder cambiar tus emociones.

Deja que tu cuerpo se haga adicto a las nuevas sensaciones y sin tú hacer nada más, la alegría vivirá dentro de ti.

No te alejes más de la realidad, acéptala. La vida que habías visto hasta ahora no era verdad, simplemente un montón de pensamientos que habían programado en ti. Ahora es el momento de que seas quien realmente eres y quien tú quieras crear.

Se trata en todo momento que hagas consciente lo inconsciente, ya que es la única manera de eliminar esa programación en automático de tus pensamientos y emociones limitantes que te han mantenido atado y supeditado a los demás.

EJERCICIO 19

Para que tu distorsión cognitiva (percepción errónea de la realidad) se desvanezca, y rompas la química de tus pensamientos negativos por favor haz los ejercicios que te propongo:

Cuando te sientas mal, trata de averiguar qué has pensado para sentirte así y apunta el pensamiento en tu bloc. Las emociones que sientes son creadas por tus pensamientos.

Cada pensamiento que apuntes en tu cuaderno tras haber sentido una emoción negativa, has de cuestionarlo. Al fnal del día con tu libreta en la mano, repasa tus pensamientos. Y uno por uno pregúntate si son ciertos. Sé sincero/a contigo mismo/a, no hay más necesidad de torturarse. Ahora nadie te vigila, excepto tú.

¿Es realmente cierto lo que piensas? Escríbelo. No divagues porque tu mente te puede jugar una mala pasada. Al lado de cada pensamiento escribe "¿es cierto esto?". Por favor anota también la respuesta. Sé honesto contigo mismo y anota también la justifcación a tu respuesta. No trates de engañarte, además de cuestionar el pensamiento justifca tu respuesta de que no es cierto o de que lo es.

Lo siguiente que has de hacer es preguntarte a ti mismo cómo te sentirías si ese pensamiento que te ha hecho sentir mal no fuera cierto. Escribe al lado del pensamiento: "cómo me sentiría si mi pensamiento no fuera verdad".

Estoy convencida de que si te pones frente al espejo vas a poder ver la reacción de tus facciones. Te vas a relajar automáticamente al sentir qué experimentarías si ese pensamiento que te ha torturado no fuera cierto. Anota en tu bloc cómo te sentirías sin él, sin ese pensamiento negativo, anótalo.

Añade algo más. Cuéntale a tu bloc cómo te hubieras sentido sin ese pensamiento, cómo hubieras actuado, qué hubieras hecho sin él. ¿Sientes la diferencia? Si el pensamiento negativo no hubiera acudido a ti no te hubieras puesto triste, o la ira no hubiera salido de ti y no te hubieras paralizado, o no hubieras acudido a tu pareja o madre en busca de la solución a tu problema.

Y por último. Al lado de cada pensamiento escribe ese pensamiento invertido. Si has pensado "no valgo" escribe "valgo", si has pensado "lo he hecho mal" escribe "lo he hecho bien". Si has pensado "no sirvo" escribe "valgo mucho", ... Y siente la emoción nueva que te invade. Disfrútala. Esta nueva emoción es el principio del cambio, y el fnal de todas tus limitaciones y dependencias.

EJERCICIO 20
Con todas las emociones que tenías apuntadas en el cuaderno de los ejercicios de la primera parte del libro, anota al lado de cada una, qué pensamiento las ha disparado. Y al lado del pensamiento sigue todos los pasos que has visto hasta revertir el pensamiento que las ha producido y disfruta de la nueva emoción.

Has empezado a modifcar la química en tu cerebro. Has empezado a alimentarlo de péptidos positivos. Esto es contagioso. Cuantas más veces analices tus pensamientos, los cuestiones y veas cómo podrías sentirte sin ellos, la química empezará a trabajar a tu favor. Sentirás la paz y la tranquilidad que da el tener pensamientos positivos, y entrarás en la dinámica de cada vez necesitar más. Hasta que llegue el punto en el que no tengas que hacer todo el proceso de forma consciente y sea la propia química de tu cuerpo la que trabaje para ti.

Después de este largo ejercicio del Método RAN©, para modifcar la química de tu cerebro y dejar de lado tu adicción emocional, tu cognición ha cambiado. (Cognición es la facultad que tienes para procesar información a partir de la percepción).

Ahora, tu percepción de la realidad ya ha cambiado en tu cerebro. Ya no percibes más el miedo sino la paz y tranquilidad. Ya no sientes ser menos y que necesitas a los demás, porque ves y crees todo lo que vales. Y además esta nueva sensación es adictiva.

Lo que percibes ahora no es lo que habías grabado en tu mente para ajustarte a los parámetros de tu entorno. Tu percepción de la realidad ahora es consecuencia de tus verdaderos pensamientos y sentimientos. Has sido capaz de conectar contigo mismo, con tu verdadero ser.

Lo bueno es que estos nuevos pensamientos que surgen al invertir los no ciertos, generan emociones positivas en ti, que crean nuevos péptidos en tu cuerpo. El proceso químico ha empezado en ti y no hay marcha atrás. De ahora en adelante vas a necesitar solo péptidos creados por emociones positivas.

Eliminar los pensamientos grabados en ti que te limitaban, te ha liberado para ver realmente quien eres, todo tu valor y potencial, ya no necesitas que nadie te confrme tu valor. Sin ninguna creencia limitante eres libre para tomar las decisiones correctas, para ver lo que vales, y no necesitar que nadie más te valide lo grande que realmente eres.

¡Eres capaz de ver todo tu valor!

III PARTE.

EMPODERATE

17. Empodérate

Te has liberado de las ataduras, de esos condicionamientos con los que has vivido. Has dejado atrás los pensamientos que te tenían atrapado en conductas codependientes, y empiezas a ver quien eres.

Sin ese peso de las cadenas tienes que empezar a no solo ver, sino a sentir todo tu valor y poder (recuerda que sentir es lo que va a hacer que surja la buena química que tanto necesitas, las nuevas conexiones neuronales).

Empecemos viendo qué es en realidad eso del empoderamiento, qué signifca.

El **empoderamiento** es el proceso de aumentar tu capacidad para que tomes decisiones y puedas transformar esas elecciones en acciones y resultados deseados. Es el factor "puedo hacerlo", el proceso para poder pasar del "No puedo" al "Puedo".

Estar empoderado signifca sentirse en control de tu propio entorno y saber que confías en ti para tomar decisiones sobre tus responsabilidades. Cuando te sientes empoderado, crees en ti.

Lo enriquecedor en el proceso de empoderamiento es evidenciar el desarrollo de la confanza en tus propias capacidades, que provocan cambios sustanciales en tu forma de pensar, en tus metas y desafíos.

El empoderamiento consiste en tomar control sobre uno mismo, lo que implica **confar en ti y tomar consciencia de quién eres.** Con ello puedes encontrar tu camino en la vida, establecer tus objetivos y tomar las decisiones correctas, bajo el reconocimiento de tus fortalezas y debilidades.

Cuando vives una vida empoderada, no permites que nadie tome ninguna decisión por ti. Decides tu propio camino aunque los demás no estén de acuerdo, porque sabes que lo que escoges es lo mejor para ti.

Para llegar a tu empoderamiento necesitas mucho coraje, porque es de valientes y personas muy fuertes atreverse a mirar dentro de uno mismo para analizarse y cambiar lo que no te gusta y no te pertenece. No olvides nunca esto. No olvides lo fuerte que eres.

¿No crees que después de leer sobre el empoderamiento, puedes ver que eres ya una persona empoderada? Te has deshecho de los pensamientos que te limitaban que no eran tuyos y te mantenían atado a los demás, eres muy valiente.

Sigue trabajando cada día poniendo en práctica el revertir cada pensamiento que te haga sentir mal, y sigue mirándote dentro de ti para descubrir todo lo mucho que vales.

Ver quien eres y todo lo que vales, empoderarte, es lo que va a hacer que tengas el control sobre ti, te valores, y no necesites que tu vida dependa de lo que hagan o piensen los demás.

Si deseas profundizar en esto de tu empoderamiento para que ahora ya libre puedas encontrar tu mejor versión y sacar todo tu potencial te dejo mi libro 30 PASOS PARA TU EMPODERAMIENTO, destapa tu mente y alcanza tu éxito ... Te ayuda a alcanzar el éxito, eso a lo que nunca te has atrevido, a llegar a lo más alto sacando todo tu potencial.

18. Establece Límites

Para mantenerte libre de que las demás personas puedan tratar de influir demasiado sobre ti, y seas tú quien decida siempre sobre tu vida tienes que establecer límites.

En tu libertad de la dependencia emocional tienes que establecer límites que te protejan de los demás, pero sin evitar que las personas que deben hacerlo entren en tu vida.

Como has visto en la primera parte, una de las características de las personas codependientes es la falta de límites personales. Por eso ahora debes empezar a tenerlos para poder proteger tu identidad y que nadie la destruya.

Debes ser tu prioridad y debes aprender a cuidarte de las cosas y personas que pueden hacerte daño. Pero sin que esto haga que te aísles del mundo, ya que como ser social que eres, la compañía y el amor de los demás son parte necesaria en tu vida.

Hasta ahora has vivido anteponiendo las necesidades de otros o las que te ha marcado tu entorno, a las tuyas y te han hecho creer que pensar en ti es egoísta. Pero ya has visto en un punto anterior que es fundamental para tu felicidad y empoderamiento que te centres en ti, que seas tu prioridad.

Has dejado la adicción a las emociones que hasta ahora te han limitado, es muy importante. Cambiar tu cognición (tu facultad de procesar información a partir de lo que percibes y tu experiencia) para ver la realidad sobre ti mismo, tomar conciencia de quién eres, es lo que te va a ayudar a creer en ti y proteger tu identidad.

Para ello es fundamental establecer límites para que nadie te dañe. Saber lo que es admisible para ti y lo que no, es fundamental para que en el momento en el que alguien traspase tus límites puedas apartarte de esa persona o no permitir que gobierne tu vida.

Tienes que ser consciente que sin límites te conviertes en una persona vulnerable, ya que tiendes a no ser capaz de decir "no" a las personas por miedo a no gustar o ser aceptado (esto es parte de la codependencia). Y creo que ya has tenido sufciente de esto en la vida. Ahora es el momento de ser capaz de decidir lo que está bien y lo que no.

Vivir para satisfacer las necesidades de los demás, o las expectativas de la sociedad hace que te pierdas a ti mismo/a, pierdas tu propia identidad. No escucharte a ti y hacer lo que los otros esperan de ti hace que no puedas ser realmente tú. Ser complaciente con los demás sin atender a lo que tú realmente deseas, te hace perderte a ti mismo, olvidarte de quien eres en realidad.

No te ensañaron de pequeño a establecer límites, a mantener tu Yo de manera íntegra, no te mostraron cómo anteponer tus necesidades a las de los demás, y este vivir sin límites tiene sus consecuencias.

Cuando vives sin poner límites te caracterizas por ser una persona:

❑ insegura

❑ con baja estima

❑ con miedo al rechazo

❑ con necesidad de aprobación de los demás

❑ con decepciones constantes

❑ vives con resentimiento (viene de no satisfacer tus necesidades, cuando las dejas de lado, termina enfadándote, frustrándote).

Déjame decirte que cuando vives con todos los puntos que acabas de leer, te arriesgas a una vida con relaciones que te van a usar, que van a ser manipuladoras y abusadoras. Cuando no has aprendido a establecer límites crees que todo el mundo tiene buena intención, no sabes en quién confar (o confías en cualquiera), crees que las necesidades de los demás son más importantes que las tuyas y que merece la pena el sacrifcio de satisfacer a los demás.

Cuando no estableces límites dejas de lado tu propia felicidad, tus deseos, tus valores, tu autorespeto, e incluso esos sueños que tenías cuando eras niño/a o joven.

Al renunciar a todo tu ser, lo que ves es una imagen sesgada de ti en los ojos de a quienes les has dado el poder sobre ti.

Sin poner límites, te ves cómo los demás quieren que te veas.

Vivir sin poner límites es agotador, te desgasta como persona, vives para complacer a los demás sin complacerte a ti. Con ello tu dignidad como persona, tu seguridad sobre quién eres queda enterrada a miles de kilómetros bajo tierra. Poco a poco, tú mismo/a te invalidas, creyendo más en los demás que en ti.

Ante todo no te culpes por no haber establecido límites, no te enseñaron a tenerlos para poder sobrevivir en la jungla de las personas. Pero no te preocupes, nunca es tarde para aprender y empezar a establecerlos.

Para ser tú, necesitas crear límites para proteger tu integridad y tus prioridades, para así seguir tus sueños y a tu verdadero YO.

Recuerda que si pierdes el respeto por ti, otros también lo harán. Siento ser dura, pero creo que es fundamental ver la realidad y que salgas fortalecido/a, y un paso necesario es aprender a marcar tus límites sin miedo a ser rechazado/a, y a ver claramente dónde te ha llevado la vida sin esos límites saludables para tu persona.

No te eches para atrás, ten paciencia porque vas a conseguirlo. Como todo en esta vida puedes aprenderlo con la práctica y nunca es tarde para hacerlo.

Para qué necesitas establecer límites

Establecer límites te va a ayudar a seguir tus propias convicciones sin que nadie más que tú, infuya en tus decisiones.

Si sabes lo que quieres y lo que no, lo que está bien y lo que no, a la mínima señal de algo que no te gusta, vas a terminar con ello rápido. Recuerda que si tú no respetas tus límites nadie lo hará.

Los límites que establezcas te van a validar como persona y te van a ayudar a tener relaciones personales saludables. Y no debes olvidar nunca los límites que creas y para qué los creas: para protegerte y poder ser tú sin que nadie más que tú, decida en tu vida.

¿Y cómo darte cuenta de que alguien está traspasando tus límites?

Cuando alguien invade tu espacio vital, sientes culpa y miedo al rechazo, sientes ansiedad e incomodidad.

Aprende a escuchar a tu cuerpo, siempre te avisa en diferentes formas que la persona que tienes en frente está transgrediendo tus límites. Por eso es tan importante que hagas caso a las reacciones de tu cuerpo ante personas y situaciones en esta vida.

Y por favor no temas que por establecer límites no te vas a relacionar con nadie y te vas a quedar aislado/a en tu burbuja. No es así. Debes tener claro que tus límites no son un problema para una buena persona que se acerque a ti, porque quien realmente te quiera y acepte como eres, los respetará. Solo son un problema, para las personas que viven transgrediendo espacios vitales, queriendo controlar lo que hacen, dicen y hasta piensan los demás.

Los límites que vas a fjar en tu vida son para que te ayuden a que tus relaciones sean más satisfactorias y estén basadas en la confanza; a que las personas que no quieran respetarlos se den la media vuelta o puedas echarlos de tu vida.

Cuando estableces tus límites personales y te decides a respetarlos, vas a ver cómo las personas que realmente te quieren los respetan, y los que tratan de sobrepasarlos e invadirte y no lo consiguen, se darán la media vuelta, desaparecerán de tu vida.

Cómo establecer límites

Para establecer límites en tu vida debes de saber qué es lo que quieres y lo que no quieres.

Has crecido quizá dejándote llevar por tu entorno, y no sabes realmente quién eres ni qué quieres. Caminamos por la vida casi como zombis, con la "programación" que tuvimos de pequeños.

La frustración y el dolor por no ser realmente uno mismo, se ve traducida en ansiedades, inseguridades y hasta depresiones, por llegar a una edad adulta sin saber quiénes somos realmente.

Pero aunque hayas vivido sin saber poner límites y permitiendo que los demás decidan por ti, nunca es tarde para aprender y para lograr una vida auténtica y feliz.

Vamos a pasar a ver los tipos de límites que existen para que puedas reconocerlos y empezar a establecerlos:

- **Límites físicos:** se trata de tu "espacio personal". Los límites físicos determinan quién puede traspasar tu espacio personal: quién puede tocarte o acercarse y bajo qué circunstancias. Establecen dónde terminas tú y empieza el otro. Unos límites físicos te ayudarán a establecer cuándo, cómo y con quién establecer relaciones íntimas sin que la otra persona imponga su voluntad.

- **Límites mentales:** son tus pensamientos, opiniones y creencias. Te ayudan a no culpar a los demás por lo que te pasa, y te protegen del posible menosprecio de otras personas.

- **Límites emocionales:** te dan la libertad de sentir lo que quieras y expresarte como quieras. Establecerlos te ayuda a no dejarte llevar por lo que los demás sientan y a establecer una conexión contigo mismo.

- **Límites espirituales:** son tus creencias y experiencias con un poder mayor. Nadie ha de imponer tus creencias espirituales.

Para establecer tus límites te propongo los siguientes ejercicios. Es importante que sepas qué es lo que quieres y qué es lo que no, qué es lo que estás dispuesta/o a tolerar y qué no.

Contestar a las siguientes preguntas y marcar tus respuestas por escrito te va a ayudar a saber establecer tus límites personales.

EJERCICIO 21

Toma tu cuaderno y escribe:

- Cuáles son tus necesidades ante una relación con una amistad.

- Escribe también cuáles son tus necesidades para una relación romántica.

- Anota cuánto más en detalle mejor qué es lo que buscas en una relación de pareja. Describe cómo quieres que sea tu pareja, y sobre todo escribe las acciones que quieres ver en ella que serán señal indicativa de lo que buscas.

- Anota también qué actos vas a tolerar y sobre todo cuáles no vas a tolerar. Es importante que escribas cómo quieres sentirte con una nueva relación, pero más importante aún es que escribas cómo no quieres sentirte, para que en cuanto esos sentimientos aparezcan te apartes de esa persona.

Todo esto te va a ayudar a no caer de nuevo en dejar tus necesidades a un lado para poder satisfacer las de otras personas. Si sabes lo que quieres y sobre todo lo que no, te va a ser más fácil apartarte de todo aquello que te aleja de lo que quieres.

EJERCICIO 22

En la vida no solo te vas a encontrar con parejas que traspasen o intenten traspasar tus límites. Te relacionas con amigos y compañeros de trabajo y con ellos también tienes que actuar de igual manera, no dejándote manipular.

Por ello escribe qué vas a permitir y qué no a amigos y compañeros de trabajo y qué es lo que esperas de ellos. No olvides que quien viole tus límites te hará sentir mal y sería aconsejable te apartes de las personas que lo hacen.

Recuerda que saber de antemano lo que toleras y lo que no, te hace estar protegido cuando surjan esas personas que tratan de invadir tu espacio.

EJERCICIO 23

Escribe por qué estás estableciendo límites, qué buscas haciendo esto. Los motivos serán algo así como: para protegerme de personas manipuladoras, para dejar de vivir de acorde a lo que dictan los demás y vivir bajo mis valores,...

Saber para qué estableces límites te va a ayudar a no dejar que nadie los rompa y a establecer relaciones más saludables.

EJERCICIO 24

Al lado de cada límite que has ido anotando, marca ahora qué acciones vas a tomar si alguien los traspasa. Es muy importante saber de antemano qué vas a hacer si alguien no respeta tus límites porque te ayuda a que cuando llegue el momento tengas mas recursos para mantenerte frme en tus decisiones de que nadie pueda "obligarte a hacer" lo que tú no deseas.

Poner límites no hace que los demás no nos quieran. Respetarnos, hace que los demás nos respeten.

No olvides nunca que no debes perderte a ti para amar a nadie. Ante todo las personas que estén contigo, deben aceptar como eres y no tratar de cambiarte. Huye de quien trate de hacerlo.

Eres una persona maravillosa y única. Comparte tu vida solo con quien lo vea. Eres un tesoro, ahora lo sabes.

18.1 Aprende a decir NO

Decir SÍ sin miedo y NO sin sentirte culpable, es algo que tienes que aprender para proteger tus límites y con ello tu verdadera identidad.

Establecer límites no hace que los demás te quieran menos, sino que te respeten más. No has de tener miedo a ser rechazado/a por decidir qué es lo que toleras y qué no. Tienes que quitarte el miedo de tu cabeza a decir NO.

Cuando te dejas llevar por los demás no eres tú, sino lo que los demás quieren que seas, y ese vivir constantemente sin ser quienes somos en realidad, nos genera muchas ansiedades, miedos y depresiones.

Seguir las necesidades de los demás y no las nuestras, hace que perdamos contacto con nuestro ser real. Y al llevar una vida en la que no eres realmente tú empiezas a sentir frustraciones. Por eso siempre defende tu YO, amurállalo porque es lo más grande que nunca has tenido.

Si eres de los que has vivido una infancia sin límites, puede que te encuentres en este momento sin saber quién eres en realidad. Por eso es tan importante que empieces a poner límites en tu vida, para que nadie más que tú, decida sobre ti.

Establecer esos límites necesarios para protegerte es una manera de autoafrmarte.

Para salir del círculo de la codependencia donde te encuentras y encontrarte a ti mismo o a ti misma el principal ejercicio que debes practicar es el de **decir NO**.

Debes de dejar de ser complaciente con los demás para serlo primero contigo. Porque atender a los demás primero como has hecho hasta ahora, te genera frustraciones. Esos: "es que siempre soy tonto", "siempre se sale con la suya", "parece que no existo", "no le importa lo que siento", ...

Por ello debes también tener cuidado cuando dices SÍ a los demás por miedo a decir NO.

No complacer a los demás no signifca perder su amor.
Has de empezar a pensar que si alguien se va de tu lado por no querer renunciar a tus necesidades, te hace un favor. Perder a una persona que no te respeta, aunque te duela en un primer momento, es una bendición, ya que muy probablemente se convertirá en un abusador de tu bondad.

No temas al rechazo de los demás por negarte a darles algo. Quien te quiere, te respeta y respeta tus opiniones y sentimientos. No te tomes el rechazo como refejo de autoestima. Que alguien te rechace no signifca que no sigues siendo real y grande, simplemente que no eres lo que esa persona necesita, pero por favor en ningún momento pienses que te rechazan por no ser válido.

No se trata de ser egoísta cuando dices NO. Si no de impedir de que abusen de tu generosidad. Quien te quiere de verdad, quien te aprecia, no te fuerza a hacer algo fuera de tu voluntad, sino que primero te pregunta si te parece bien o mal.

Si a quien dices NO se ofende, es porque no te quiere, sino que quiere solamente lo que te ha pedido. Por ejemplo, si alguien te pide mantener relaciones sexuales y se ofende porque te niegas, no te quiere a ti, sino que quiere sexo. Si un amigo te pide prestado el coche y al decirle que no porque no lo cubriría el seguro se enfada contigo, no es tu amigo, solo busca aprovecharse de ti.

Al fnal ves que las personas no aceptan tus "NO"s, es porque te quieren con condiciones, y tú mereces solo amor incondicional.

Quien te quiere, respeta tus decisiones y cómo eres.

EJERCICIO 25
Vuelve a leer este último punto y escribe ejemplos que hayas experimentado en tu vida.

Debes racionalizar cómo has actuado hasta ahora, para establecer cómo vas a actuar de ahora en adelante frente a estas situaciones.

Escribe cómo te vas a sentir al decir NO, y anota también que esa persona que no te respeta no te conviene y por qué.

Solo viendo claro tus límites vas a poder establecerlos y no tolerar situaciones que no te hacen sentir bien y te despojan de tu valor.

Recuerda, la LUZ ROJA DE ALARMA para apartarte de alguien y decirle NO, es cuando su petición te pone nervioso/a, te hace sentir miedo e incómodo/a. Nunca permitas que nadie traspase tus límites cuando se enciende en ti la alarma roja.

Decir NO es cuestión de práctica, te costará un poco. Pero en cuanto veas que te sientes bien haciéndolo, cada vez lo harás con más confanza.

Decir NO, eleva tu autoestima. Estableciendo límites empiezas a entrar en una espiral positiva que te va a permitir conocerte y ser feliz.

No lo olvides, tienes derecho a protegerte, a no permitir que nadie invada tu identidad.

Aunque te cueste en un principio decir NO, mantente frme. Es cuestión de práctica. Al principio te vas a sentir raro/a. Pero al mismo tiempo te vas a sentir fuerte, ya que con ello no dejas que terceros impongan su voluntad sobre ti.

Recuerda que sobre tu vida solo debes de decidir tú.

18.2 No mimetices con las personas

Las personas tendemos a mimetizar con la gente. En ese no haber aprendido a poner límites y habernos visto siempre obligados a abandonar nuestras necesidades para atender las de los demás, nuestra identidad ha quedado pérdida. Además en ese haber tenido que satisfacer las necesidades del otro, hemos aprendido a actuar adaptándonos a los demás creyendo que así seríamos mejor valorados.

Te has adaptado a los gustos de los otros, sin mostrar los tuyos propios. Aprendiste a ser complaciente para ser valorado, y ahora cuando te relacionas con otras personas sigues actuando de igual manera de modo inconsciente, es como que se ha convertido en tu manera de ser. Eres como un perrito que busca una palmada en la cabeza por hacer lo que el dueño le pide y se pone contento al recibir tal reconocimiento. Buscas agradar, para tener reconocimiento, para que te validen como persona.

Es bueno ser agradable y amable con los demás. Es muy gratifcante hacer sentir bien a los otros, pero no a costo de perderte a ti, porque eso hace que no puedas sacar tu verdadero Yo, tu verdadera identidad y termines sintiéndote "usado" y con ello surjan frustraciones.

Según el diccionario mimetizar es "imitar o adoptar la apariencia de seres u objetos del entorno". Eso es lo que haces, te adaptas al entorno olvidándote de ti.

Utilizas el mimetismo como un mecanismo de autoconservación. Ante el miedo de ser atacado/a por ser tú (o simplemente que no te acepten por ser tú), te mimetizas, te adaptas a los demás. Bajas con ello tus barreras de defensa, lo que hace que seas susceptible de que las personas puedan manipularte.

Los mensajes que has recibido mientras crecías de "no eres lo sufcientemente buena o bueno", "lo que sientes no está bien", ... Ese robarte tu valor, ese invalidarte, ha hecho que no confíes en ser tu mismo/a, y te sientas más cómodo siendo como los demás. Sientes que pareciéndote a los que te rodean te aceptaran mejor. (¿pero es realmente así, o es algo que está en tu cabeza? Analízalo y aplícale los pasos hasta revertir el pensamiento.)

Cuando te adaptas y actúas como los otros, dejas una ventana o una puerta enorme abierta a tu mente y a tu ser. Muestras tu vulnerabilidad, tu falta de personalidad, tu baja estima, y esto hace que los depredadores puedan tomar ventaja de ello y "utilizarte" para sus fnes.

Empieza a ser consciente de que tú por ti mismo eres una persona estupenda, que no necesitas ser como los demás para ser aceptado. Eres maravilloso, maravillosa tal como eres, empieza a verlo, a sentirlo y cada vez tu confanza en ti irá creciendo, al mismo tiempo que esta "costumbre" de mimetizar con los demás irá desapareciendo.

No necesitas parecerte a nadie, ni hacer las cosas como los demás. Eres una persona única, maravillosa, que es muy valiosa por ser como es. Eres único, única, muy especial.

Te estás descubriendo y atreviendo a ser tú. Empiezas a brillar. Siéntelo porque es una sensación maravillosa el poder ser uno mismo.

EJERCICIO 26

Anota por favor lo que vales. Reconoce tus logros y tus cualidades. Atrévete a hacerlo por favor, tienes muchas cualidades y hay muchas cosas que has conseguido en esta vida.

Escribe en tu cuaderno cuando sientes que te pierdes en lo demás, cuando aceptas ir a ver una película cuando en realidad querías ver otra. O cuando te has quedado en casa cuando en realidad te apetecía salir, ... O cuando has reído porque los demás reían.

Es importante que tomes consciencia de cuándo te pierdes en los demás y te mimetizas. La única manera de no hacerlo y tomar el control sobre ti y tu vida es siendo consciente de como eres y como actúas.

Al lado de cada ejemplo de cómo te mimetizas, escribe cómo te sientes haciéndolo, y si no es lo que realmente quieres, escribe cómo vas a actuar la siguiente vez y cómo te vas a sentir siendo realmente tú. No olvides que quien te quiere de verdad, te quiere a ti, te acepta como eres. No tienes necesidad de ocultarte, tratando de imitar a los demás. Eres un ser único y maravilloso.

19. Autoempatía

Amate, no es egoísmo sino necesidad.

Eres una persona empática. Tienes la capacidad de percibir, compartir o inferir en los sentimientos, pensamientos y emociones de los demás. Te pones en el lugar de los demás, comprendes sus sentimientos.

¿Pero eres empático contigo? ¿Comprendes tus sentimientos? ¿Te tratas con el cariño que tratas a los demás?

Déjame decirte que **mereces al menos el mismo respeto y amor que das a otras personas.**

¿Te reconoces como una persona con un diálogo excesivamente critico contigo misma? "Eres un fracaso","te ves fea hoy", "la vida de los demás es mejor que la tuya", ... ¿alguna vez has dicho estas cosas a algún amigo? Entonces por qué decírtelas a ti mismo o a ti misma.

Tendemos a ser más crueles con nosotros que con los demás, a tratarnos peor que a los demás.

¿Eres de los que te sometes a unos estándares más altos que a los que sometes a los demás? ¿Te exiges más que a cualquier otra persona?

La consecuencia de tratarte de una manera tan dura puede resultar en depresión, baja estima y vergüenza.

Tienes que aprender a cuidarte, a tratarte con amor y compasión. Necesitas conectar contigo, con esa maravillosa persona que eres y para eso necesitas ser empático contigo.

Una razón por la que nos resistimos a practicar la autoempatía es porque la confundimos con la autocompasión.

La diferencia es que la **autocomplacencia** puede convertirse en una fuerza destructiva que te permite ceder ante cualquier cosa que te haga sentir bien a pesar de sus efectos poco saludables, como el uso excesivo de alimentos, drogas o alcohol para adormecer los sentimientos que te causan dolor. Mientras que la **autoempatía** requiere una mayor conciencia de sí mismo, disciplina y sensibilidad al sufrimiento y también un compromiso para encontrar soluciones útiles.

La autoempatía es el reconocimiento de que, como todos los seres humanos, mereces comprensión y compasión.

Para practicar verdaderamente la autoempatía al máximo, debes estar dispuesto a practicarla incluso cuando tropieces y cometas errores que te hagan sentir avergonzado. Es un ejercicio de humildad que requiere reconocer que eres humano y falible, y que los fallos son parte de la amplia experiencia humana.

De la misma manera que comprender cómo piensan y sienten los demás tiende a evitar que los juzgues con demasiada severidad, extender esa misma cortesía en tu propia dirección evita que te sumerjas en un auto-juicio. Esto no signifca que no te cuestiones y analices tus errores. La autoempatía no te libera de la responsabilidad o la necesidad de disculparte si has decepcionado a otros, o incluso si te has decepcionado a ti. Simplemente signifca que mereces preocupación empática, amor y cuidado incluso cuando cometes errores.

Cuando aprendes a ser más compasivo contigo mismo, aprendes a tratar a los demás con similar amabilidad. (una vez más recuerda la máscara de oxígeno, primero tú si quieres luego ayudar a los demás).

En el mundo de hoy, la empatía propia es una competencia infravalorada. Cuando las cosas nos van mal, nos criticamos creyendo que nuestro error se debe a no haber hecho lo suficiente, o haber cometido fallos que no debiéramos de haber tenido. Nos juzgamos demasiado. Pero no tienes que ser crítico contigo, si no analizar qué has hecho para poder mejorar. Recuerda, los errores sirven para aprender, no te castigues.

La autoempatía está fuertemente correlacionada con rasgos positivos como la motivación, la capacidad de recuperación, el pensamiento creativo, la satisfacción con la vida y la empatía hacia otras personas. Por el contrario, las personas autocríticas tienden a ser más hostiles, ansiosas y depresivas, y con poca satisfacción con la vida.

La empatía se considera una característica que nos permite comprender y compartir las experiencias emocionales de otras personas. Lo vemos como un ingrediente esencial para las buenas relaciones interpersonales, pero no necesariamente algo que debemos practicar con nosotros mismos. Empieza a cambiar ese pensamiento. Antes de poder ofrecer empatía y compasión por los demás, debes de ser empático contigo mismo.

La investigadora de la compasión Kristin Neff (autora de "Sé amable contigo mismo"), ha realizado recientemente un trabajo pionero sobre el concepto de la autocompasión, dividiéndolo en tres componentes principales: la bondad, la humanidad compartida y la atención plena:

- La **bondad hacia uno mismo** se refiere a la práctica de ser comprensivo y perdonarse incluso en momentos de fracaso o dolor. Ser amable contigo mismo es un aspecto esencial de la autoempatía porque te impide juzgar quién eres demasiado severamente. Lejos de crear una visión del mundo egocéntrica, una actitud indulgente es una de las mejores defensas contra el narcisismo. La bondad hacia ti te va a permitir que tus errores no entierren tu autoestima.

- Un **sentido de humanidad compartida** signifca que percibes tus propias experiencias como parte del tapiz humano más grande en lugar de como algo separado y aislado. La humanidad compartida alimenta la autoempatía al recordarnos que no estamos solos, incluso en nuestros fracasos. Como escribió el poeta Alexander Pope: *"Errar es humano, perdonar divino y rectifcar de sabios"*. Cuando reconoces que el sufrimiento y la insufciencia personal son partes naturales de la experiencia humana común, puedes perdonarte a ti mismo y seguir adelante.

* La **atención plena**, es la capacidad de identifcar tus pensamientos y sentimientos sin reaccionar ante ellos o juzgarlos. Evaluar los contenidos de tu mente desde el punto de vista de una tercera persona te brinda la conciencia de ti mismo para comprender la diferencia entre el ser real y los pensamientos y sentimientos que tienes. Convertirte en observador de tus pensamientos en lugar de un actor te permite la libertad de considerar diferentes creencias y actitudes sobre lo que está sucediendo en tu vida. La atención plena es lo que te ayuda a autorregular tus emociones. (recuerda los pasos del Método RAN©).

Cuando asumimos la responsabilidad de perdonar y cuidar de nosotros mismos, la compasión que extendemos a los demás también se vuelve más genuina. La autoempatía mejora tu confanza y fortaleza interior y te abre a la conexión y al propósito compartido. Esto te permite inspirar a otros con tu visión y articular objetivos comunes.

La empatía te permite interpretar emociones no expresadas y comprender una variedad de perspectivas. Has sido muy crítico con tus errores. Puedes ser mucho más duro contigo mismo que con los demás. Pero ya es hora que te trates con justicia, como mereces, con mucho amor.

Trata de centrarte en ver tus éxitos, tus logros y no en recordar siempre las cosas que no te han salido bien. Tienes muchas cosas buenas en ti, por favor, empieza a verlas.

Por favor deja de creer que si no eres duro contigo mismo te vas a volver perezoso o no vas a conseguir nada. Tratarte con dulzura, te va a ayudar a sobresalir aún más y alcanzar tus metas y objetivos de una manera más sencilla.

Acepta tu vida, acepta el momento de cambio en el que estás y abrázate con amabilidad. Detén tu diálogo crítico interno.

EJERCICIO 27

Una vez más toma papel y bolígrafo, y trata de hacer consciente lo inconsciente. Trata de recordar esas "lindezas" que te dices y escríbelas. Se trata de que en momentos de tranquilidad, medites, pienses sobre cómo te tratas, para poder empezar a cambiar las cosas feas cosas que te dices por cosas hermosas. No olvides que eres lo que crees, así que tomate el tiempo de no repetirte cosas que no son ciertas.

¿Puedes identifcar el desencadenante o encontrar los temas comunes que te hacen volverte contra ti mismo? Al lado de cada menosprecio por favor escribe con letras grandes todo lo que realmente vales.

Crea el hábito de dedicarte palabras de amor antes de acostarte y al levantarte. Eres la mejor persona que tienes en esta vida. Suaviza tu tono de autocrítica y cuando te des cuenta de que te criticas trata de hacerlo de manera constructiva. "No has sido capaz de conseguir el empleo, pero estás formándote para tener mejores habilidades en tu ramo y terminarás logrando un buen trabajo". No te repitas lo malo, sino lo bueno en ti.

Trátate a ti, como tratas a los demás.

Cómo ser más empático contigo

1. HABLA CONTIGO COMO HABLAS A LOS DEMÁS.

Si no se lo dirías a tu mejor amigo, no te lo digas a ti mismo.

La próxima vez que te encuentres participando en un diálogo interno negativo, prueba este ejercicio rápido:

Dibuja dos flas y cinco columnas. Rotula las columnas como Pensamiento, Emoción, Evidencia, Nuevo pensamiento y Nueva emoción.

Si te estás castigando por tu trabajo, en el cuadrante de Pensamiento, puedes escribir: "Nunca tendré una trabajo exitoso". Después de haberlo escrito, concéntrate en las emociones que aforan en ti. ¿Sientes ira? ¿Vergüenza? ¿Tristeza? En el cuadro debajo de Emoción, escribe todos los sentimientos que desencadena el pensamiento.

Bajo Evidencia, escribe cualquier cosa que desafíe el pensamiento negativo, tienes que cuestionar el pensamiento (recuerda el Método RAN©). Por ejemplo, "Estoy bien preparado" o "Soy muy trabajador".

Bajo la segunda fla de Pensamiento, escribe un reemplazo para el pensamiento original que tenga en cuenta la evidencia. Por ejemplo, "todavía no he encontrado el trabajo adecuado, pero lo haré pronto, estoy trabajando en ello".

En la segunda fla, bajo Nueva Emoción, escribe cómo te hace sentir este nuevo pensamiento. ¿Optimista? ¿Energizado? Repite este ejercicio diariamente hasta que se detenga el pensamiento y el reemplazo ocurra naturalmente. Siente la nueva emoción que te genera el nuevo pensamiento, disfrútala, inhálala, conviértete en adicto a ella.

2. PERDÓNATE.

El perdón a uno mismo no signifca disculparse o fngir que lo que has hecho no ha estado mal; signifca mostrar compasión por ti mismo y reconocer tu humanidad. (es humano cometer errores). A lo largo de tu vida, has hecho las cosas lo mejor que has podido con las herramientas que tenías, perdónate por no haber hecho todo bien, por haberte quedado en una relación abusiva, por haber gritado a tus hijos, por no haber pasado el examen, por no haber ascendido en tu trabajo... Perdónate. La gente comete errores, a veces grandes. Lo importante es hacer las paces contigo, y aprender para que no cometas los mismos fallos. Aprender de los errores te hace muy grande. Tienes que aprender a ser resiliente.

3. NO TE COMPARES CON LOS DEMÁS.

Eres una persona única y especial.

Lo que ves en los demás no sabes si es verdad, las personas solo muestran su lado bonito, sobre todo hoy en día en las redes sociales. No caigas en la tentación de comparar tu vida con la de nadie. Céntrate en ti. Además de ser único necesitas centrar toda la energía en ti, para brillar.

Eres grande, atrévete a verlo.

20. Mereces

Nunca más pienses que no mereces las cosas buenas de esta vida. Mereces amor y lo mejor de esta vida.

Quizá hayas vivido creyendo que no merecías. Nunca te has atrevido a creer ni sentir que mereces cosas buenas, y ahora dudas de que lo hagas, de que seas lo sufciente como para merecer las cosas bonitas que hay en este mundo. Pero aunque no hayas aprendido a disfrutar de la confanza que da el sentimiento de merecer, MERECES.

Te aseguro que MERECES, con mayúscula solo lo mejor. Ya no porque con tu sufrimiento te lo hayas ganado a pulso y ya es tu hora, sino porque desde que has nacido lo has merecido.

Permítete merecer, para que todo lo que necesitas llegue a ti. Por favor ábrete a la vida, confía en ella porque el mundo, el universo y Dios solo tienen cosas maravillosas guardadas para ti.

En realidad tú sabes todo lo que mereces, pero no te atreves a reconocerlo porque las circunstancias de la vida te han hecho creer que no merecías. Pero ahora que te has liberado de esos pensamientos limitantes que se habían grabado en ti, debes hacer hincapié en todo lo que mereces.

Se trata de empatizar, eso que también sabes hacer con los demás, pero esta vez contigo.

Te propongo este ejercicio y por favor realízalo cada día de tu vida, haz que se convierta en un hábito:

EJERCICIO 28
En tu cuaderno escribe: MEREZCO.

Haz una lista de todas esas cosas que te has perdido de tener y hacer en esta vida por haber seguido a los demás y anótalas con un "merezco" por delante. Atrévete por favor a sentir que ¡¡MERECES!!

MEREZCO Amor

Merezco Paz

Merezco Respeto

Merezco Abundancia económica

Merezco Buena ropa

Merezco Un buen trabajo

Merezco Una buena relación de pareja

Merezco Amigos

Merezco Buena relación con mis hijos

Merezco Salud

Merezco Buena comida

Merezco Ser Feliz

Merezco Todo lo bueno que tiene este Universo

Merezco Riquezas

Merezco una buena Casa

Merezco un Buen Trabajo

Merezco, ...

Por favor además de escribirlo, repítelo cada día. Llénate de ese sentimiento. Disfruta de la paz que sientes al sentirte merecedora o merecedor de cosas buenas. Mereces.

Y por favor, repito por favor, jamás te centres en las cosas que no mereces, porque será lo que la vida te dé. Siempre mira hacia delante, piensa en lo que deseas conseguir, nunca en lo que te falta. Es muy importante donde pones tu foco. Hazlo siempre en lo que mereces y deseas conseguir.

21. Gratitud y generosidad

*"La gratitud no es solo la más grande de las virtudes,
sino la madre de todas las demás". Cicerón*

Cuando has tenido una experiencia donde te han hecho sentir que no vales, te quedas tan vacío que sientes no valer, no merecer y no tener mucho por lo que dar gracias en esta vida. Pero créeme, no es así. Siempre hay un motivo para estar agradecido, siempre hay cosas buenas en esta vida. Tómate lo vivido como parte de tu vida y tu aprendizaje, y agradece a la vida estar aquí, liberándote de tu codependencia y brillando como la magnífica persona que eres.

Agradece todo lo que tienes y eres, y agradece también todo lo vivido, es lo que te ha traído hasta aquí y te ha hecho muy fuerte. Cuando agradeces, reconoces que tu existencia está llena de bendiciones.

La gratitud tiene la capacidad de modifcar tu cerebro. Según el Centro de Investigación de Conciencia de la Atención Integral de la UCLA, (Mindfulness Awareness Research Center) expresar gratitud cambia literalmente la estructura molecular del cerebro, mantiene la materia gris funcionando y nos hace más saludables y felices.

Los benefcios de la gratitud empiezan con el sistema de dopamina (neurotransmisor responsable entre otras cosas del placer, la motivación y el deseo), porque sentirse agradecido activa la región del tronco cerebral que la produce. Adicionalmente, la gratitud hacia otros incrementa la actividad en los circuitos sociales de dopamina, los cuales provocan que la interacción social sea más placentera.

Pensar en cosas por las que te sientes agradecido te fuerza a concentrarte en los aspectos positivos de tu vida. Este simple acto incrementa la producción de serotonina en el córtex del cíngulo anterior. La gratitud no solo hace feliz a tu cerebro, sino que también puede crear un círculo de retroalimentación positiva en tus relaciones.

"Gracias por haber conseguido a través del dolor
mirar dentro de mí y conocerme".
Olga Fernández Txasko

Dar gracias por lo vivido, por tus experiencias es muestra de tu gran crecimiento como persona. Eres ya una mujer o un hombre nuevo, que sabe lo que vale.

Empieza a caminar, ponte en acción y da gracias por cada paso que avances, y cuando retrocedas da gracias por lo que estás aprendiendo. Todo es parte del proceso hacia tu empoderamiento.

Generosidad

Cuando estás conectado con tu interior, te das cuenta de que en el centro mismo de tu persona, tienes un impulso hacia la generosidad. Ser es dar, sentirse realizado es dar con generosidad. El sentido mismo de la vida no puede separarse de la generosidad.

"Generosidad es dar sin esperar a recibir", Aristóteles

Ahora que has cuidado de ti, que te has empoderado y visto todo lo que vales, dale a los demás. No hay mayor felicidad que la que se siente dando a los otros.

Dar a los demás, ayudar, es lo que te trae verdadera felicidad.

Dar te saca de ti mismo y te permite expandirte más allá de las limitaciones terrenales. La verdadera alegría radica en el acto de dar sin esperar recibir algo a cambio.

La investigación académica y miles de años de historia humana confrman que lograr el signifcado de la vida, la realización y la felicidad en la vida proviene de hacer felices a los demás y no de ser egocéntricos.

El poder de dar se manifesta en la amabilidad y generosidad que le otorgas a otra persona. Cuando le das a otro desinteresadamente, la energía vibratoria que emite tu subconsciente es más fuerte. El poder de dar, según la neurociencia, es que uno se siente bien.

Un proverbio chino dice: "Si siempre das, siempre tendrás".

La sensación producida por los actos de generosidad ha sido denominada por los expertos como efecto de **brillo cálido**. Esto describe la sensación placentera que recibimos al ayudar a los demás.

Investigaciones recientes han profundizado en cómo la generosidad afecta a diferentes aspectos de nuestro bienestar. Por ejemplo, un **estudio** de este tipo publicado en la revista Nature Communications demostró que la generosidad nos hace más felices y lo confrmó al resaltar las regiones del cerebro involucradas. Los resultados sugieren que dar puede proporcionar un benefcio de salud único al reducir la ansiedad y el estrés. Hacer algo bueno por otra persona proporciona a la gente una sensación placentera. Por contra, las personas que solo piensan en sí mismas son más infelices.

En sus experimentos, los investigadores encontraron que el grado de generosidad no es determinante para incrementar el bienestar. **"No necesitas convertirte en un mártir para ser más feliz. Con ser un poco más generoso basta"**, dice Philippe Tobler, **neuroeconomista** de la Universidad de Zurich, en Alemania.

Ahora que estás fuerte, que estás lleno de ti, da. Ayudar a los demás te va a dar la mayor felicidad que puedas conocer, y no hay mayor empoderamiento que ser plenamente feliz.

EJERCICIO 29

Da gracias por tu vida por lo que tienes, por cada nuevo día, por las experiencias vividas. Crea la rutina o el hábito de ser lo primero que hagas al levantarte y lo último que hagas al acostarte. Comparte, da lo que tengas, aunque sea solo tu tiempo. Vas a ser feliz.

22. La Neurofelicidad.
La autoinducción a la felicidad

Has eliminado de ti los condicionamientos con los que has vivido dejando a un lado la codependencia, encontrando quien eres y todo lo que vales.

Has revertido la química en ti, y ahora tienes que seguir trabajando cada día en "alimentarte" de más química positiva y seguir creando nuevas conexiones neuronales que te lleven a alcanzar tu mayor potencial. La mejor manera de hacerlo es practicando la NEUROFELICIDAD.

La **neurofelicidad** es una nueva disciplina científca que estudia los mecanismos cerebrales y biológicos de la felicidad, comprendiendo cómo funciona el estado de felicidad a nivel interno en las personas, para conseguir fnalmente provocarlo a voluntad.

Los seres humanos, tenemos un circuito cerebral de recompensa. Se activa de forma natural cuando realizamos actividades placenteras, como tener sexo, abrazarnos o comer algo que nos gusta mucho. En esos momentos, el cerebro libera los neurotransmisores responsables de las sensaciones placenteras, como la dopamina y la oxitocina. Y ya has visto que puedes convertirte en adicto a esas sensaciones.

Lo bueno es que el cerebro, al igual que tu cuerpo se puede entrenar, ya que es moldeable. Y ahora te toca entrenarlo para que sea feliz.

La **neuroplasticidad**, signifca que nuestro cerebro es fexible y moldeable, y está cambiando continuamente. Podemos modifcar nuestra estructura cerebral a partir de nuestros hábitos y conductas, creando nuevas redes neuronales. La actividad mental cambia la estructura del cerebro; eso signifca que lo que pensamos, sentimos y hacemos, cambia físicamente nuestro cerebro.

Tienes por lo tanto, la posibilidad de modifcar tu cerebro, solo tienes que **escucharlo** y hacer aquello que te ayuda a sentir bien.

No tienes que condicionarte más a lo vivido y sufrido, no te quedes más en tu pasado. La ciencia está a tu favor. Tu cerebro puede cambiar y con ella tus heridas, miedos e inseguridades pueden desvanecerse y puedes conseguir ser feliz.

Has visto que es posible reprogramar tu cerebro para ser más feliz, cambiando hábitos, conductas, pensamientos y sentimientos que potencien las redes neuronales asociadas a la felicidad.

No dejes que las condiciones del entorno en el que has vivido gobiernen tu vida. Puedes cambiarla y ser feliz. Es una cuestión de aprendizaje, que se puede lograr con ejercicios y disciplina. Has visto en los puntos anteriores cómo proceder para cambiar los pensamientos y también tus emociones. Ayúdate de las siguientes pautas que te propongo para ayudarte aún más con el cambio en tu cerebro.

Después de que consigas modifcar tus pensamientos y emociones y te permitas sentir placer, no vas a reconocer quién tienes en el espejo: TÚ, tu verdadero yo, sin todas las limitaciones que has venido arrastrando.

Consejos para reforzar las emociones positivas y la felicidad según la neurociencia

Puedes y debes autoinducirte felicidad. Has visto que puedes modifcar las emociones para sentirte mejor. Tu cerebro es modifcable (**neuroplasticidad**, la capacidad del cerebro para adaptarse y cambiar como resultado de la conducta y la experiencia). Y puedes ejercitarte para cambiarlo.

Para hacer feliz a tu cerebro y entrar en una espiral positiva tienes dos vías:

1. Ser consciente de cada uno de los detalles que te producen bienestar, y potenciarlos para aumentar la actividad de tu córtex orbito frontal y tu sistema cerebral de recompensa.

2. Detectar aquellos estímulos que te producen malestar, pensamientos o emociones negativas, y reducirlos o eliminarlos de tu vida. Pueden ser actividades, o incluso personas desagradables o nocivas para ti.

Para ayudarte con el cambio de tu cerebro, te propongo una serie de actividades que recomienda la neurociencia (recuerda la ciencia que trata de desentrañar la manera de como la actividad del cerebro se relaciona con la psiquis y los comportamientos).

• SONREÍR: aunque no tengas ganas sonríe.

Cuando una persona se ríe de verdad en su cerebro se liberan **endorfnas** (neurotransmisores secretados por la glándula pituitaria del cerebro, que tienen un efecto de tipo opiáceo similar a la morfna). Por eso las endorfnas se conocen como "opiáceos naturales".

También se libera un neurotransmisor cerebral llamado **dopamina** muy relacionado con los estados de bienestar psicológico. Al mismo tiempo, cuando una persona se ríe de verdad, disminuyen sus niveles de **cortisol** que es una hormona conocida como la "hormona del estrés".

Si sonríes aún en los peores momentos tu cerebro entenderá que estás feliz, por lo que adecuará todos sus procesos en lo que se refere a este estado de ánimo, logrando incrementar esa sensación de felicidad. Sonríe siempre que te acuerdes que es bueno hacerlo. Márcate un tiempo al día para sonreír. Es un ejercicio fenomenal para aumentar tus péptidos de felicidad.

• MÁRCATE OBJETIVOS PARA AUMENTAR LA MOTIVACIÓN

Diversas investigaciones han constatado que plantearse objetivos a largo plazo hace sentir que se está trabajando para lograr algo, pero también permite liberar **dopamina** (neurotransmisor o mensajero químico, cuyas funciones entre otras son: regular el sueño, la atención, la actividad motora, el humor. Se considera a la dopamina el centro del placer, ya que regula la motivación y el deseo y hace que repitamos conductas que nos proporcionan benefcios o placer), proceso que te hará sentirte más aliviado, motivado y probablemente más feliz.

● IMPLEMENTA HÁBITOS QUE TE AYUDEN A DORMIR BIEN

El sueño condiciona los estados de ánimo, por eso debes de conseguir un sueño reparador. Pare ello: duerme en un ambiente con poca luz, en un lugar que te resulte cómodo y ten alguna rutina que prepare al cerebro para dormir, como por ejemplo: leer, refexionar, escuchar música relajante, meditar etc. Nunca lleves a la cama tus problemas. La falta crónica de sueño mantiene permanentemente elevadas las hormonas del estrés (adrenalina y cortisol). Es recomendable que duermas ocho horas al día.

● ABRAZA MUCHO

Tenemos que sentir el amor y la aceptación de los demás, y no sentirlo puede resultar doloroso. Una de las principales formas de liberar **oxitocina** (hormona responsable de comportamientos sociales, sentimentales, patrones sexuales y la conducta parental) es a través del tacto.

Los abrazos deben ser parte de tu rutina diaria para que puedas liberar mucha oxitocina, ya que los circuitos del dolor y la ansiedad disminuyen su activación con ella. Cuantos más abrazos, más disminuye la sensación de preocupación y te sientes más feliz. Abraza a tus seres queridos todos los días.

● LLEVA UNA VIDA SALUDABLE Y DISFRUTA DE LA NATURALEZA

Llevar una vida saludable es parte de quererse y cuidarse. Hacer cosas que te hagan sentir bien, seguir una dieta sana y practicar deporte aumentan la **serotonina** (neurotransmisor clave para sentirnos con energía y buen ánimo) y las endorfnas.

La serotonina interviene en la creación del sentimiento de satisfacción y mejora la capacidad para soportar la tensión diaria. Su defciencia puede participar junto con otros factores desencadenantes en las subidas y bajadas del estado de ánimo características de los trastornos depresivos. Por eso es necesario que te ejercites y comas bien.

También es bueno que mantengas contacto con la naturaleza. Si vives en una ciudad trata de visitar un parque, ver animales, escuchar el sonido del agua... El contacto con la Naturaleza es más que benefcioso física y psicológicamente para el ser humano:

❏ Reduce la fatiga mental

❏ Disminuye la irritabilidad

❏ Aumenta la autoestima

❏ Refuerza los pensamientos positivos

❏ Fortalece el sistema inmunitario.

De sobra son conocidos los benefcios de practicar deporte, ya que activa tus endorfnas, dopaminas y serotonina, todas ellas hormonas del bienestar. ¿Pero sabías que tu estómago contiene neuronas? Sí, alrededor de 100 millones, por eso le llaman el **Segundo Cerebro**. Luego es una parte fundamental para tu bienestar emocional.

Seguramente alguna vez hayas notado cómo tu estómago expresa a la perfección lo que sientes. Miedo, emoción y estrés se sienten en el estómago, incluso las conocidas "mariposas" relacionadas con el amor. Tu estómago produce hormonas y neurotransmisores, incluso genera más dopamina y serotonina que el cerebro.

Lo que nos muestran los avances científfcos, es que modifcar la capacidad mental humana no solo puede conseguirse a través del cerebro. *"Cambiar la fora bacteriana intestinal predeterminada puede variar la conducta"*, afrma el doctor Fernando Carballo, presidente de la Sociedad Española de Patología Digestiva.

Un cambio en la dieta para estimular los intestinos podría abrir campos muy interesantes para curar determinadas enfermedades neuronales, cree este experto. Luego, no olvides de cuidar lo que comes.

• HAZ EL AMOR SIEMPRE QUE PUEDAS

El sexo es la máxima expresión posible de los sentidos: vista, tacto, olfato, oído y gusto. Hacer el amor libera una cantidad brutal de endorfnas y oxitocina, que sin duda harán a tu cerebro muy feliz.

• NO TE QUEJES

La expresión constante de emociones adversas fortalece los circuitos cerebrales negativos de la amígdala. Los pensamientos positivos expanden las oportunidades y las opciones, mientras que los negativos nos limitan, nos producen frustración, fatiga y abatimiento. Además recuerda la química. Si sientes sensaciones negativas de forma constante, crearás péptidos de esa sensación y tu cuerpo pedirá más.

• ARRÉGLATE CADA MAÑANA

Aunque no vayas a hacer nada especial, arréglate y siéntete guapo. Si te gusta maquillarte, hazlo para verte bien, aunque solo sea para ir a trabajar o estudiar. Ponte una camisa bonita, ... Sentirse bien con uno mismo, aparte de dar seguridad, predispone positivamente tu cerebro.

• MÍMATE

Dedica un tiempo cada día para hacer cosas que te gustan y así crearás más circuitos cerebrales de placer, alegría y felicidad. Puedes autoinducirte felicidad a través de los sentidos: un masaje, un baño con espuma, tomar el sol, salir a caminar... Como mínimo, tómate media hora al día y dedícatela a ti mismo. Eres lo más importante que tienes.

• PRACTICA LA GRATITUD

La gratitud tiene la capacidad de modifcar tu cerebro. Según el Centro de Investigación de Conciencia de la Atención Integral de la UCLA, (Mindfulness Awareness Research Center) expresar gratitud cambia literalmente la estructura molecular del cerebro, mantiene la materia gris funcionando y nos hace más saludables y felices.

Los benefcios de la gratitud empiezan con el sistema de dopamina, porque sentirse agradecido activa la región del tronco cerebral que la produce. Adicionalmente, la gratitud hacia otros incrementa la actividad en los circuitos sociales de dopamina, los cuales provocan que la interacción social sea más placentera. Pensar en cosas por las que te sientes agradecido te fuerza a concentrarte en los aspectos positivos de tu vida. Este simple acto incrementa la producción de serotonina en el córtex del cíngulo anterior. La gratitud no solo hace feliz a tu cerebro, sino que también puede crear un círculo de retroalimentación positiva en tus relaciones.

23. Amate. Encuéntrate

Has llegado hasta aquí y ahora tienes todas las herramientas en ti para poder ser libre, para decidir por ti sin la necesidad de que nadie más que tú, decida sobre tu vida y sin que necesites mirarte en los ojos de nadie más para ser feliz.

Eres una persona nueva, disfruta de la maravilla que has encontrado dentro de ti.

Si todavía te cuesta tomar decisiones, decir no sin sentirte mal,... por favor relee el libro y sobre todo haz cada ejercicio. Date la oportunidad de que tu cerebro pueda cambiar. Necesitas tiempo, practica y disciplina. La valentía de hacerlo ya la tienes.

Atrévete a volar, a ser quien realmente desees ser. Recupera sueños que guardaste porque te dijeron que no eran correctos o ni tan siquiera te atreviste a mostrar.

Sin esos condicionamientos de poca valía, sin todos esos pensamientos que tanto daño te han hecho en tu vida, tienes que empezar a ver tu yo de verdad. Atrévete a mirarte y ver quien eres, lo mereces. No lo olvides.

Hasta ahora no te has atendido, no te has dado felicidad. Practica cada punto que te muestro en el capítulo de la neurofelicidad y date el permiso de amarte cada día, cada hora. Amate por ser quien eres, por ser la persona valiente que se ha atrevido a cuestionar los paradigmas con los que has vivido.

Amate, porque es necesario que lo hagas para sentirte bien y feliz.

Empieza a ver que eres merecedora de amor y de todo lo bueno que tiene la vida.

Establece rutinas diarias para amarte. Si te gusta cantar, hazlo, si te gusta bailar hazlo. Haz todo aquello que te haga sentir bien y no te vuelvas por favor a sentir culpable por amarte y cuidarte.

Eres la persona mas maravillosa
que nunca vas a conocer.

GRACIAS

Quiero darte las gracias por haber estado aquí conmigo, por haber sido fuerte y valiente para enfrentar tus miedos.

Necesito agradecerte el haber confiado en mí y ahora te pido que confíes en ti.

Te deseo lo mejor en este viaje de la vida. Me gustaría saber de ti, saber sobre la gran persona que has descubierto. Puedes contactarme por Facebook, Instagram o mi blog. Tu historia puede inspirar a otras personas.

No olvides nunca lo mucho que vales y pelea por tus sueños y por ser tú.

No olvides nunca que eres grande, ahora lo sabes y lo puedes ver. Sal al mundo y brilla sin hacer sombra a nadie porque has nacido para brillar.

Nunca dudes en contactarme si lo necesitas hola@olgafernandeztxasko.com, estaré siempre encantada de oír tu historia de superación.

ANEXO

Si lo deseas te dejo para tu información un poco de historia sobre la codependencia y lo que dicen de las mismas los estudiosos en el tema.

Historia de la Codependencia

El movimiento de codependencia puede tener sus raíces en las teorías de la psicoanalista alemana Karen Horney, que es la primera mujer que publicó ensayos sobre la salud mental femenina. En 1941, ella propuso tres tipos de personalidades (complaciente, agresiva y aislada o independiente). Las personas con personalidad complaciente se mueven hacia los demás tratando de obtener su aprobación y afecto. Son desinteresados, virtuosos, fieles, y ponen la otra mejilla a pesar de la humillación personal. La aprobación de los demás es más importante que respetarse a sí mismos.

Sin embargo el trastorno de la codependencia se identificó por primera vez en los años 70, como resultado de años de estudio de relaciones interpersonales en familias de alcohólicos.

Originalmente, co-dependiente era un término usado para describir a los compañeros en la dependencia química, las personas que viven con, o en una relación con una persona adicta.

Hoy, sin embargo, el término se ha ampliado para describir a cualquier persona co-dependiente de cualquier familia disfuncional. Aunque todos los enfoques estuvieron centrados en el problema del adicto, en consecuencia a los trabajos realizados con la familia, los profesionales de estos centros se percataron que cuando los alcohólicos se mantenían sobrios, las conductas codependientes de sus familiares continuaban o empeoraban; estos codependientes exhibían rasgos comunes y tenían un patrón vinculante característico; una forma de pensar, sentir y actuar que los iba enfermando progresivamente.

Así concluyeron que las causas de estos trastornos podrían ser anteriores a la convivencia con el alcohólico. Los familiares en terapia revelaban historias abusivas (no necesariamente relacionada con un dependiente químico) en sus familias de origen. Ellos procedían, igualmente, de hogares disfuncionales, donde la presencia del alcohol no había estado obligatoriamente.

Pero era innegable que estas personas habían asumido precozmente un rol de "cuidadores", puesto que los adultos que debían ejercer esta función, no estaban en condiciones de hacerlo a causa de sus propias patologías.

Además otros trabajos revelaron que para ser codependiente, no era necesario haberse relacionado con otros dependientes químicos en la niñez o en la madurez. Era suficiente crecer en un ambiente familiar en el cual estuviera presente un cuidador abusivo.

Estudios como el realizado por O'Brien y Gaborit (1992) apuntaron que la codependencia podría darse independiente de la dependencia química. Así, la codependencia fue generalizada para referirse también a las personas que habían crecido en una familia afectada por cualquier perturbación grave, y a los compañeros de personas con cualquier problema mayor de comportamiento.

Definición y autores

La codependencia consiste en depender de alguien externo para llenar tus vacíos. La codependencia es un comportamiento aprendido que puede transmitirse de una generación a otra.

La codependencia se forja a partir de las necesidades no satisfechas en el ser humano durante su infancia, las cuales han impedido un crecimiento emocional conveniente para poder adaptarse a situaciones de relaciones interpersonales.

Cuando las necesidades físicas y emocionales del niño no son satisfechas de una manera adecuada, su yo verdadero, auténtico va construyendo las etapas evolutivas con el apoyo de un yo falso que desarrolla roles que le permiten superar las experiencias problemáticas de la infancia. El niño para sobrevivir aprende a "servir a los demás", descuidándose a sí mismo. Al crecer, los adultos codependientes siguen utilizando los mismos comportamientos, todo para sentirse aceptados, queridos o importantes. Tratan de satisfacer a los demás, olvidándose de sí mismos, queriendo con ello aliviar el dolor y la pena por sentirse abandonados. Sin embargo las conductas codependientes perpetúan esos sentimientos.

Esta acepción de la Codependencia (origen en la familia), no es solo mi visión como víctima de una madre que no me validó y mi experiencia con el trato de personas codependientes, sino que hay varios autores que la defienden desde el origen del uso del término:

- Según **John C. Friel** Psicólogo y autor de "Children: The Secrets of Dysfunctional Families", codependencia es un esquema de vida disfuncional que emerge en la familia de origen produciendo un estancamiento en el desarrollo y siendo su resultado una hiperreacción del codependiente a lo externo a él y una hiporreacción o baja sensibilidad a lo interno a él".

- **La American National Council of Codependence:** Codependencia es un comportamiento aprendido, expresado por dependencia de personas y cosas fuera de sí mismo, esas dependencias incluyen negligencia y disminución de la identidad propia de uno mismo. El falso yo interior que emerge es frecuentemente expresado a través de hábitos compulsivos, adicciones, y otros desórdenes, que además incrementan la alienación de la identidad verdadera, adoptando una sensación de vergüenza.

- **Dr. Charles Whitfield** (Médico en la práctica privada que se especializa en ayudar a los sobrevivientes de traumas infantiles con su recuperación, y con adicciones que incluyen alcoholismo y trastornos relacionados. Certificado por la Sociedad Americana de Medicina de Adicciones, miembro fundador de la Asociación Nacional para los Niños de Alcohólicos y miembro de la Sociedad Americana de Profesionales en el Abuso de los Niños) describe el nacimiento de la codependencia en la familia de origen. Para él su génesis se inicia cuando el niño tiene sus observaciones, sentimientos y reacciones reprimidas por sus cuidadores. Whitfield resalta que cuando el niño, durante su desarrollo, recibe una cantidad importante de mensajes destructivos, hiriendo el núcleo de su autoestima sana, sufre una pérdida o enajenación de su yo verdadero que da lugar a un yo codependiente (falso o interno); lo que resulta en una sensación de vacío, vergüenza, culpa, y otros estados afectivos negativos.

- **Fernando Mansilla**, experto en psicología clínica y psicoterapia observa que la codependencia puede concebirse a partir de las necesidades infantiles no satisfechas durante su niñez, lo que imposibilita una maduración favorable para poder adaptarse a situaciones de relaciones interpersonales.

- **Pia Mellody** en su libro "Facing Codependence" remonta los orígenes de la codependencia a la infancia, describiendo toda una gama de abusos emocionales, espirituales, intelectuales, físicos y sexuales. Demuestra cómo, debido a estas experiencias tempranas, los adultos codependientes a menudo carecen de las habilidades necesarias para llevar una vida madura y tienen relaciones insatisfactorias. Cuando los niños de estas familias se comportan de manera natural (es decir, son vulnerables, imperfectos, dependientes e inmaduros) entonces el mensaje que reciben de sus padres es "hay algo mal contigo". Cuando este mensaje se refuerza continuamente, el niño eventualmente sacrifica sus propias necesidades y sentimientos para mantener la armonía familiar y salvaguardar algún nivel de aceptación de los padres.

- **Timmen Cermak**, M.D. psiquiatra y neurólogo americano, conocido por su trabajo sobre los tipos de personalidad dependientes, propuso que la co-dependencia se incluya como un trastorno de personalidad en el Manual diagnóstico y estadístico de trastornos mentales (DSM-3). Cermak razonó que cuando los rasgos de personalidad específicos se vuelven excesivos e inadaptados y causan un deterioro significativo en el funcionamiento o causan una angustia significativa, justifica un diagnóstico de trastorno de personalidad.

Cermak propuso los siguientes criterios para este trastorno:

- o Inversión continua de la autoestima en la capacidad de controlarse a sí mismo y a los demás frente a las graves consecuencias adversas.

- o Asunción de responsabilidad para satisfacer las necesidades de los demás, con la exclusión de reconocer el propio.

- o Ansiedad y distorsiones de límites en torno a la intimidad y la separación.

o Enredos en las relaciones con la personalidad desordenada, químicamente dependiente, otros co-dependientes y / o personas con desorden impulsivo.

o Que se den tres o más de los siguientes síntomas:

■ Confianza excesiva en la negación

■ Constricción de las emociones (con o sin arrebatos dramáticos)

■ Depresión

■ Hipervigilancia

■ Compulsiones

■ Ansiedad

■ Abuso de sustancias

■ Ha sido (o es) víctima de abuso físico o sexual recurrente

■ Enfermedades médicas relacionadas con el estrés.

■ Ha permanecido en una relación primaria con un abusador de sustancias activas durante al menos dos años sin buscar ayuda externa

Para probar lo que estos autores han concluido respecto al origen de la codependencia en 1996 Marciana Crothers realizó un estudio "Antecedentes de la codependencia", en el que se investigaron aspectos de la codependencia entre 442 estudiantes universitarios.

Los antecedentes de los padres fueron examinados en sujetos que confirmaron signos de codependencia, disfunciones parentales percibidas (compulsividad, dependencia química y codependencia) y estilos parentales (coerción, control y falta de crianza).

Como se esperaba, las correlaciones entre la codependencia adulta y la coerción, el control, la falta de crianza y la compulsividad materna de los padres fueron significativas. Sin embargo, las correlaciones entre la codependencia y la dependencia química de los padres no fueron significativas. Un análisis de regresión múltiple identificó **la codependencia parental y la coerción materna como predictores significativos de la codependencia del sujeto.**

Creo pues te queda claro de donde proviene tu codependencia. Por favor esto no es para que trates de sentir rabia por tus progenitores, probablemente no contaron con las herramientas necesarias para hacerlo de otra manera. Ahora tú, puedes y vas a deshacerte de ese condicionamiento con el que has vivido y desarrollar tu verdadera identidad para caminar libre por la vida sin la necesidad más que de satisfacerte a ti mismo.

Bibliografía

"Codependence no more", M.Beattie

"Diagnosing and treating codependence" Cermark

"Parental antecedents of adult codependency" Crothers, M. & Warren, L.W

"Facing codependence" Melody P.

"Mujeres que aman demasiado", Robin Norwood

"La adicción al amor", Pia Melody

"Out of the Shadows: Understanding Sexual Addiction", Dr. Patrick Carnes "Understanding codependency", Sharon Wegscheider "The codependency trap" Sharon Wegscheider

"Learning to Love Yourself" Sharon Wegscheider-Cruse Understanding Codependency, the science behind it", Joseph Cruse "Dependencia emocional" Jorge Castelló

"Necesito de ti", Angel Gabilondo publicado en la revista Psychologies "Codependency for dummies" Darlen Darce "Conditioned reflexes" Ivan Pavlov

"Codependence The Dance of Wounded Souls: A Cosmic Perspective of Codependence and the Human Condition" Robert Burney

Renuncia de Responsabilidad Legal

Todo el contenido de este libro es para fines informativos. No tiene la intención de diagnosticar, tratar o actuar como un sustituto del consejo médico profesional. No reemplaza la necesidad de servicios por parte de profesionales médicos, y como tal, cualquier cambio en su tratamiento actual debe discutirse con su médico de cabecera. Además, cualquier pregunta relacionada con problemas médicos también debe dirigirse a su médico.

Si opta por confiar en la información y los recursos que se proporcionan en este libro, Olga Fernández Txasko no puede ser considerada responsable de cualquier posible ramificación de depresión, epifanía emocional o pensamientos suicidas, etc.